KB247944

내 집이
꼭 있어야
할까?

내 집이 꼭 있어야 할까?

제1판 제1쇄 발행일 2025년 10월 6일

글 _ 서윤영
기획 _ 책도둑(박정훈, 박정식, 김민호)
디자인 _ 채홍디자인
펴낸이 _ 김은지
펴낸곳 _ 철수와영희
등록번호 _ 제319-2005-42호
주소 _ 서울시 마포구 월드컵로 65, 302호(망원동, 양경회관)
전화 _ 02) 332-0815
팩스 _ 02) 6003-1958
전자우편 _ chulsu815@hanmail.net

ⓒ 서윤영 2025

* 이 책에 실린 내용 일부나 전부를 다른 곳에 쓰려면
  반드시 저작권자와 철수와영희 모두한테서 동의를 받아야 합니다.
* 이 책에 실린 이미지 중 저작권자를 찾지 못하여 허락을 받지 못한 이미지에 대해서는
  저작권자가 확인되는 대로 통상의 기준에 따라 사용료를 지불하도록 하겠습니다.
* 잘못된 책은 출판사나 처음 산 곳에서 바꾸어 줍니다.

ISBN 979-11-7153-036-6 43330

철수와영희 출판사는 '어린이' 철수와 영희, '어른' 철수와 영희에게 도움 되는 책을
펴내기 위해 노력합니다.

내 집이
꼭 있어야
할까?

더불어 사는 사회를 위한
공공 임대 주택 이야기

글 서윤영

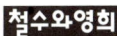
철수와영희

공공 임대 주택에 대해
왜 알아야 할까요?

학교에서 건축을 공부하던 시절, 근현대 건축을 다룬 책마다 실리던 사진이 있었습니다. 거대한 아파트가 성냥갑처럼 늘어선 가운데 앞쪽부터 뿌연 먼지를 일으키며 쓰러지는 장면이었습니다. 건축 교과서에서는 도면이나 배치도도 없이 다음과 같은 짧은 설명으로 마무리되어 있었습니다.

"미국 미주리주 세인트루이스시에 지어졌던 프루이트-아이고 아파트 단지는 슬럼화되어 지은 지 18년 만에 폭파 해체 공법으로 철거되었다. 근대 건축의 실패를 보여 주는 대표적인 사례이다."

여기서 '슬럼(slum)화'란 주거 환경이 나빠져 빈민가로 변하는 것을 말합니다. 그런데 대체 무엇 때문에 그런 일이 벌어졌는지에 관한 설명은 없었습니다. 사실 그곳은 유명 건축가가 설계하여 미국 건축가 협회가 주는 건축상까지 받은 건물이었습니다.

우수한 설계 사례로 손꼽혔던 프루이트-아이고 아파트 단지가 지은 지 얼마 되지 않아 폭파 해체된 이유는 건축계의 미스터리 중 하나였습니다. 획일적이고 단조로운 건축이 주거 환경을 악화시켰다고 교과서는 결론짓고 있을 뿐입니다. 1970년대에 있은 이 사건은 현대 건축이 크게 실패한 사례로 여겨지는데, 여기에는 숨겨진 진실이 하나 있었습니다. 바로 그곳이 거대한 공공 임대 주택 단지였다는 사실입니다.

당시 마당 딸린 단독 주택을 선호하던 미국 중산층은 교외에 널찍한 집을 짓고 살았습니다. 대신 가난한 이들을 위한 공공 임대 주택은 오랜 기간 낙후되어 있던 도심에 지어졌습니다. 1970년대 미국은 흑인과 백인 간에 빈부 격차가 심할 때여서 프루이트-아이고 단지에는 가난한 흑인들이 대규모로 모여 살았고 이는 결국 사회 문제를 일으킵니다. 주거 환경이 나빠지면서 각종 범죄의 온상이 된 것입니다.

건축물이 폭파된 이유는 설계가 잘못되어서가 아니라 정책과 제도 때문이었습니다. 지나치게 대단지로 지어진 점, 부유한 백인은 교외에 살고 가난한 흑인은 도심에 살면서 빈부 격차가 주거에 반영된 점 등이 바로 비극의 원인이었습니다. 그렇다면 이러한 진실은 왜 건축 교과서에 실리지 않았던 걸까요?

1970년대 프루이트-아이고 아파트 단지 철거가 있은 지한참이 지난 후인 1980~90년대까지 우리나라에서 공공 임대 주택은 매우 낯선 이름이었습니다. 아파트라고 하면 중산층이 사는 분양 아파트가 대부분이었기에 프루이트-아이고가 공공 임대 주택이란 사실이 더러 빠지곤 했습니다. 제도나 정책, 사회적 맥락은 무시한 채 건축물만 보니 획일적이고 단조로운 건축이 실패했다는 결론이 내려진 것입니다.

1980~90년대까지만 해도 낯선 개념이었던 공공 임대 주택은 이후 점차 많아지기 시작했습니다. 오늘날에는 행복주택, 청년주택, 신혼희망타운 같은 월세 주택 외에 시프트주택, 미리내집 같은 전세 주택까지 등장했습니다. 우리나라 공공 임대 주택의 역사는 1989년 영구 임대 주택을 시작으로 하여 어느새 36년 정도의 시간이 지났습니다. 그동안 경제협력개발기구(OECD) 국가와 비교해도 손색이 없을 만큼 양적으로는 크게 성장했다고 할 수 있습니다.

이러한 때에 공공 임대 주택 의미를 되짚어 보자는 생각이 들었습니다. 공공 임대 주택의 정의와 필요성, 해외 선진국의 사례 및 우리나라 공공 임대 주택의 문제점과 앞으로 나아갈 방향 등을 살펴보았습니다. 공공 임대 주택에 관심이 있는 청소년에게 이 책이 도움이 되기를 바랍니다.

서윤영 드림

차례

3. 주거 복지와 공공 임대 주택

4. 한국 공공 임대 주택의 역사

5. 유럽 조합 주택의 역사

6. 거주지 분리 사례가 주는 교훈

7. 소셜 믹스-소통과 조화로 가는 길

8. 내 집 마련이라는 오래된 신화

1

공공 임대 주택이란
무엇일까요?

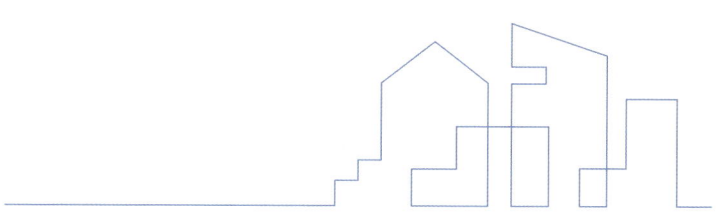

　행복주택, 청년주택, 신혼희망타운, 시프트 등 요즘 생소한 이름의 주택들이 많습니다. 예전에는 볼 수 없었던 것으로 대부분 공공 임대 주택입니다. 그렇다면 공공 임대 주택이란 무엇일까요?

주택의 종류와 공공 임대

　주택의 종류에는 아파트, 단독 주택, 도시형 생활 주택, 다가구 주택, 다세대 주택 등이 있습니다. 도시형 생활 주택이란 300세대 미만의 '국민 주택' 규모에 해당하는 주택으로

'국토의 계획 및 이용에 관한 법률'에 따라 도시 지역에 건설하는 단지형 연립 주택, 단지형 다세대 주택, 원룸형 주택 등이 있습니다. 한편 다가구 주택과 다세대 주택은 우리가 흔히 '빌라'라고 부르는 주택으로, 한 건물 안에 여러 세대가 생활할 수 있는 공동 주택을 말합니다. 주택법상 다가구 주택은 단독 주택, 다세대 주택은 공동 주택에 해당합니다.

이러한 분류는 주택을 형태별로 나눈 것입니다. 이와 달리 자기 집인지, 혹은 세를 들었는지 등 점유 형태로 나누어 생각해 볼 수 있습니다. 현재 우리나라의 자가 거주 비율은 대략 57% 정도로 그 외는 세를 들어 산다고 볼 수 있습니다.

다른 사람 집을 빌려 사는 형태로는 전세나 월세가 있는데, 어느 경우든 보증금 같은 대가를 지급합니다. 이때 집주인은 주로 개인인 경우가 많은데, 이런 경우를 민간 임대라고 합니다. 국가나 지자체, 공기업 같은 공공 기관일 때는 공공 임대라고 합니다. 그러므로 주택 임대 시장은 크게 민간 임대와 공공 임대로 나뉜다고 볼 수 있습니다.

공공 임대 주택의 정확한 정의를 살펴보면 "국가 또는 지자체의 재정, 국민 주택 기금, 공공 택지를 지원받아 국가, 지자체, 한국토지주택공사, 지방 공사, 민간 건설 업체가 건설, 매입, 임차하는 방식으로 공급되는 국민 주택 규모(전용 면적 85

다양한 공동 주택의 모습(서울 연남동).

제곱미터 이하)의 임대 주택"입니다. 쉽게 말하자면 국가나 지자체 등 공공 기관의 지원을 받아 지어지고, 국가나 지자체 등 공공 기관이 주인이 되어 국민에게 저렴하게 임대하는 85제곱미터 이하의 주택을 말합니다. 현재 우리나라의 임대 시장은 민간 임대가 압도적으로 많습니다. 그래서 공공 임대는 조금 생소할 수도 있지만, 복지 국가로 가는 과정에 있는 우리로서는 좀 더 활성화할 필요가 있습니다.

나라에서 집을 빌려주는 이유

이때 하나의 의문이 생길 수 있습니다. 우리나라는 시장 경제를 채택한 자본주의 사회인데, 왜 주택 시장에 국가나 지자체, 공공 기관이 개입하는 걸까요? 그 이유는 주택의 특수성 때문입니다. 주택은 꼭 필요한 재화입니다. 대체재도 없는 상황에서 집값이 너무나 비싸 다수의 국민이 살 집이 없어지는 상황을 막아야 하기 때문이에요.

흔히 사람이 살아가는 데 꼭 필요한 요소로 의식주를 꼽지요. 바로 옷과 음식, 집입니다. 옷이 없어 벌거벗은 채로 살아갈 수가 없고, 하루 세 끼 밥을 먹어야 하듯, 아무리 작고 허

름하더라도 저녁에 몸을 누일 만한 집은 있어야 합니다. 물론 텐트를 치고 지낼 수도 있고 자동차에서 하룻밤을 보낼 수도 있겠지만, 평생을 그렇게 살 수는 없습니다. 집을 대신할 만한 대체재는 없습니다. 따라서 집값이나 임대료가 너무 비싸서 지낼 집을 마련할 수 없는 사람이 많다면 국가나 공공 기관이 나설 수밖에 없어요.

복지 국가에서는 국민의 기초 생활을 보장하고자 보조금 등 다양한 지원을 합니다. 공공 임대 주택의 취지 역시 그와 같아요. 개인이 승용차 등 교통수단을 구매하는 것과 별개로 국가는 버스나 지하철 등 대중교통 체제를 운영합니다. 이 역시 우리 생활에 꼭 필요한 필수재이면서 대체재가 없기 때문입니다.

의료 서비스도 마찬가지입니다. 몸이 아프거나 다치면 병원에 가야 합니다. 이를 대체할 다른 방법이 없는 상황에서 의료비가 오르면 많은 사람이 돈이 없어서 치료를 못 받는 일이 생길 수 있습니다. 그래서 국가에서 나서서 전 국민 의료 보험 제도를 시행하고 있는 것입니다. 주택 역시 마찬가지로 생각해야 합니다. 국민의 기초 생활 보장 차원에서 민간 임대 주택보다 저렴하게 집을 빌려주는 제도, 그것이 바로 공공 임대 주택입니다. 이는 국민 주거권과도 관련이 깊습니다. 우리가 인간으로서의 존엄을 유지하려면 기본적으로 인권이 보장되어야 합니다.

1948년 12월 10일 유엔 총회에서 채택한 '세계 인권 선언'의 25번째 조항에는 "모든 인간은 개인과 가족의 건강 및 행복을 보장받기 위해 식량, 의복, 주택, 의료, 필수적인 공공 서비스를 포함하는 적절한 삶의 수준을 유지할 권리가 있다"고 명시되어 있습니다. 건강과 행복을 보장받기 위해 꼭 필요한 재화 중 하나가 주택입니다. 바로 여기서 기본적 인권이자 사회적 권리로서의 '주거권' 개념이 나옵니다.

우리나라 주거 기본법 제2조는 주거권을 "물리적 · 사회적 위험으로부터 벗어나 쾌적하고 안정적인 주거 환경에서 인간다운 주거 생활을 할 권리"로 정의합니다.

유엔은 1991년 적절한 주거권의 일곱 가지 요소를 제시했습니다. 1. 법적 보장(퇴거로부터 보호받을 권리), 2. 서비스, 자원 및 기반 시설을 이용할 권리, 3. 주거비의 적정성, 4. 거주 가능성(위생, 구조적 안정성), 5. 입지의 적정성(직장, 교육 시설과의 거리), 6. 문화적 적합성, 7. 접근성의 비차별성(사회적 소수자 포함) 등을 말합니다.

집주인이 월세를 너무 많이 올려서 이를 감당할 수 없게 되거나 갑자기 나가라는 통지를 받지 않고 마음 편히 살려면 국가가 주택 임대 시장에 개입해야 해요. 공공 임대 주택은 국민 주거권을 지키기 위한 최소한의 안전장치입니다. 복지 국가에서 정부는 국민 주거권이 침해받지 않도록 적극적으로 나서야 합니다. 우리나라 헌법 제34조 2항은 "국가는 사회 보장·사회 복지의 증진에 노력할 의무를 진다"며 복지 국가를 지향하고 있다는 점을 분명히 하고 있습니다. 이에 발맞춰 오늘날 곳곳에 사회 안전망이 생기고 복지 혜택이 증가하고 있습니다. 공공 임대 주택 역시 주거 복지 차원에서 이해해야 합니다.

흔히 부유한 선진국에서는 자기 집에 사는 사람들이 많을 것으로 생각하지만, 사실은 그렇지 않습니다. 유럽 선진국의 자가 거주 비율은 55~60%로 우리나라와 비슷한 수준입니다. 나머지 사람들은 집을 빌려서 사는데, 특히 공공 임대 주택의 비중이 높아요. 감당할 만한 적정 임대료를 내고 양질의 공공 임대 주택에 살도록 하는 것이 유럽 주거 복지의 특징입니다. 우리나라도 복지 국가를 지향하는 만큼 주거 복지를 확충해야 하며, 이를 위한 효과적인 방법 중 하나가 바로 양질의 공공 임대 주택을 폭넓게 공급하는 것입니다.

주택은 사유 재산이기도 하지만 사람이 살아가는 데 꼭 필요한 공공재의 성격을 함께 가지고 있습니다. 모든 국민이 누

려야 할 기본권으로서 주거권을 이해하면 국가가 주택 임대 시장에 개입할 수밖에 없다는 결론에 이릅니다.

2

제2차 세계 대전 직후
유럽의 주거 사정

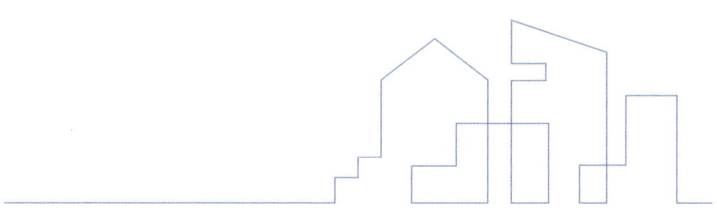

세계적으로 공공 임대 주택이 가장 앞서 발달한 곳은 프랑스와 영국입니다. 이들 나라의 공공 임대 주택은 제1차 세계 대전이 끝난 20세기 초반과 제2차 세계 대전이 끝난 20세기 중반에 많이 지어졌습니다. 그렇다면 전쟁과 공공 임대 주택은 무슨 관계가 있었을까요?

전투기의 등장으로 달라진 피해 양상

20세기에는 두 번의 세계 대전이 있었는데, 이는 19세기 전쟁과는 양상이 달랐습니다. 그전까지 전쟁은 군인끼리 대포와 총을 쏘면서 싸웠습니다. 서로 대치하는 전선이 있고, 여기서 많은 사상자가 나왔습니다. 그런데 제1차 세계 대전부터는 전투기가 등장하여 공중에서 폭격을 하기 시작했습니다. 그러다 보니 전선은 말할 것도 없고 후방에 있는 도시와 마을도 큰 피해를 입었습니다. 칼과 총을 쓰던 시절에는 사람이 죽거나 다칠 뿐 건물 피해는 크지 않았습니다. 그러다 공중 폭격이 등장하면서 주택과 건물이 파괴되기 시작했어요. 1918년 제1차 세계 대전이 끝나고 나니 주택이 몹시 부족해졌습니다. 전쟁에 참전했다가 다친 상이군인, 남편을 잃은 전쟁미망인, 고아들도 많이 생겼습니다. 국가는 이들의 생계를 돕는 한편 살 집을 마련해 주어야 했어요.

한편 제1차 세계 대전에서 패한 유럽의 몇몇 나라에서 왕정이 종식되는 사례가 발생했습니다. 대표적인 곳이 독일, 이탈리아, 러시아였는데, 특히 러시아는 노동자들이 혁명을 일으켜 왕실 가족이 살해되는 일까지 벌어졌습니다. 이렇게 되자 유럽 지배층은 큰 위기감에 빠졌습니다. 전투기 폭격으로 인한 주택의 대량 파괴, 사회 불만 세력의 증가, 왕정 체제의 위기 등을 해결하려면 복지 정책을 펴서 국민의 불만을 무마시켜야 했습니다. 경제적 안정이 가장 시급한 문제였어요. 그래서 전쟁 후 혼란기에 유럽 각국은 앞다투어 복지 정책을 실시합니다.

대표적인 곳이 네덜란드, 덴마크 같은 국가들이었습니다. 이들 나라는 빠르게 복지 정책을 실시한 덕분에 큰 사회적 동요 없이 왕정을 유지하면서 현대 국가로 이행할 수 있었습니다. 지금까지도 이들 국가의 복지 정책이 모범 사례로 꼽히는 것도 이 때문입니다. 한편 러시아는 혁명과 왕실 처형이라는 최악의 사태를 겪습니다. 이를 지켜본 유럽 각국은 복지 정책을 서둘렀어요. 그중에는 대규모 공동 주택을 지어 국민에게 임대하는 제도, 다시 말해 공공 임대 주택 정책도 포함되어 있었습니다.

19세기 프랑스에서 열린 노동자 주택 회의

유럽에서 일찌감치 공공 임대 주택 정책을 내놓은 나라 중 하나가 프랑스입니다. 프랑스는 1789년에 혁명을 일으켜 왕정을 종식시킨 나라답게 민중 혁명의 전통이 강한 곳입니다. 아울러 영국과 더불어 유럽에서 가장 먼저 산업을 발달시킨 나라였습니다. 흔히 산업 혁명이 영국에서만 일어난 것으로 생각하기 쉽지만 19세기 프랑스에서도 영국 못지않게 산업이 발달하여 노동자 계층이 증가했습니다. 이렇게 되자 정부 당국도 노동자 주택 문제에 관심을 기울여야 했습니다.

1889년 프랑스 대혁명 100주년을 기념하는 파리 만국 박람회가 열렸습니다. 당시 박람회에는 모두 16개의 주제가 채택되었는데, 그중 하나가 바로 노동자 주택이었습니다. 19세기 말에 노동자 주택 문제가 거론되었다는 것은 그때 이미 프랑스에서 산업 발달로 인한 노동자 계층의 증가와 이들의 열악한 주거 문제가 불거졌다는 뜻입니다. 아울러 이 해에는 제1회 노동자 주택 회의도 함께 열리면서 그해 12월 사회 개혁파와 급진 공화파 정치가들이 '프랑스 저렴 주택 협회'를 결성합니다. 마침내 1894년 11월에는 저렴 주택에 관한 법률이 입법화됩니다.

본래 프랑스에서 공공 임대 주택을 지칭하는 용어는 저렴 주택(HBM=Habitation à bon marché, 직역하자면 저렴한 가격의 주택이라는 뜻)이었습니다. 저렴 주택 협회는 1889년에 설립되었지만 이렇다 할 성과는 없었습니다. 그러다가 제1차 대전이 끝난 1920~30년대에 본격적으로 공공 임대 주택이 지어집니다. 앞서도 말했듯 전쟁 후에 주택 부족 문제가 심각했고 사회적 혼란도 많았기 때문에 주거 복지의 일환으로 공공 임대 주택이 필요했습니다.

1889년 파리 만국 박람회 포스터.

주택이 지어진 장소는 옛 성곽이 있던 자리였습니다. 파리에는 1845년 조성된 파리 성곽이 있었는데, 총 길이는 35킬로미터, 너비는 400미터 정도로 전체 1400헥타르에 해당하는 넓은 면적이었습니다. 어느 나라나 옛 도시에는 도시를 감싸는 성곽이 있지만 근대 국가로 넘어오면서 무용지물이 되는 경우가 많습니다. 전차와 폭격 앞에서는 성곽이 힘을 쓰지 못했기 때문입니다. 도시 규모가 성곽 너머로 확장되면서 성곽은 허물어졌고 그 자리에 공공 임대 주택인 저렴 주택이 들어섰습니다.

1920~30년대에 저렴 주택의 황금기라 할 만큼 많은 주택이 지어지다가, 1940년대 유럽은 제2차 세계 대전에 휩싸이게 됩니다. 이번에도 대규모 공중 폭격으로 인해 많은 주택이 사라져 또다시 주택을 공급해야 했습니다. 1950년 프랑스는 저렴 주택(HBM)의 이름을 '적정 임대 주택(HLM, Habitation à loyer modéré)'으로 바꿉니다. 이렇게 한 이유는 '주로 가난한 사람들이 사는 값싼 주택'에서 '모든 사람이 살 수 있는 적당한 임대료의 주택'이라는 이미지 쇄신이 필요했기 때문입니다.

대규모 임대 주택 단지 '그랑 앙상블'의 등장

　제2차 세계 대전이 끝난 후 적정 임대 주택들이 본격적으로 지어지기 시작했습니다. 1970년대에는 파리 교외에 5개의 신도시도 마련했습니다. 우리나라에서 분당, 일산을 비롯한 5개의 신도시를 처음 건설한 것이 1990년대 초이니, 우리보다 20년쯤 앞선 셈입니다. 파리 인근에 새로이 조성된 5개의 신도시에는 대규모 고층 아파트 단지인 '그랑 앙상블(Grand Ensemble)'이 지어졌습니다.

　제1차 세계 대전이 끝난 1920~30년대에는 파리의 옛 성곽을 허문 자리에 저렴 주택이 지어졌다면 제2차 세계 대전이 끝난 1950년대 이후에는 파리 근교 신도시에 대규모의 적정 임대 주택들이 지어진 셈입니다. 한편 그랑 앙상블에는 '커다란 조화'라는 이름에 걸맞게 주거 시설뿐 아니라 어린이 놀이터, 유치원, 학교, 병원, 상점 등 다양한 부대 시설도 들어섰습니다. 그런데 성공한 듯싶었던 이들 공공 임대 주택에 뜻하지 않은 문제가 발생합니다.

　우선 파리 시내에서 멀리 떨어진 외곽에 지어지다 보니 교통이 불편했습니다. 집은 외곽 신도시에 있고 일자리는 파리 시내에 있으니, 매일 출퇴근이 고생이었습니다. 그뿐만 아니라 임대 주택에는 이민자나 외국인 노동자들이 많이 살았습니다. 프랑스는 제1차 세계 대전 후인 1920년대에 노동력 부족 사태를 겪습니다. 많은 사람이 죽거나 다치면서 일할 사람이 부족해진 것입니다. 이를 메우기 위해 이민을 늘리고 외국인 노동자를 받았는데, 포르투갈 사람과 알제리, 모로코 등 북아프리카인들이 많았습니다. 인종적·종교적으로 차이가 컸던 이들은 프랑스 사회에 완전히 동화되지 못하고 가난하게 살았습니다.

이들이 새로이 건설된 대단지 공공 임대 주택으로 모여들자, 기존의 프랑스인들이 이사를 하기 시작했습니다. 프랑스 백인들 입장에서는 피부색과 삶의 방식이 다른 사람들과 이웃으로 지내기가 불편하다고 느꼈기 때문입니다. 이렇게 되자 공공 임대 주택 단지에는 북아프리카 출신 이민자 비율이 더욱 높아졌습니다. 그러면서 임대료와 관리비를 제때 못 내는 일이 잦아졌습니다.

비용 문제로 시설 관리와 유지, 보수가 어려워지면서 아파트 단지는 점점 슬럼화되었습니다. 대단지 공공 임대 주택에 사는 사람들에 대한 인식도 나빠졌습니다. 공공 임대 주택 거주자에 대한 일종의 낙인 효과가 생겼고 이는 때로 사회 문제가 되기도 했습니다. 이러한 일을 겪고 난 프랑스는 그 후로

내 집이 꼭 있어야 할까?

철거가 진행 중인 프랑스의 그랑 앙상블 모습(2009년)

더 이상 교외에 대단지 형식의 공공 임대 주택을 짓지 않습니다. 대신 시내에 더 작은 규모로 짓기 시작했습니다.

부자들은 그들끼리 모여 부유한 동네를 이루며 살고 가난한 사람들은 또 특정 지역에 따로 모여 사는 현상, 다시 말해 사회 계층별로 주거지가 분리되는 현상을 이르는 말이 있습니다. 바로 '세그리게이션(segregation)'입니다. 우리말로는 '사회적 계층 분리'라고 합니다. 반대로 서로 다른 계층들이 한 지역에 섞여 사는 것을 '소셜 믹스(social mix)', 우리말로는 '사회적 계층 혼합'이라고 합니다.

프랑스는 과거 파리 외곽 신도시에 대규모 임대 주택 단지를 건설하면서, 중산층은 파리 시내에 살고 빈곤층은 외곽 신도시에 사는 사회적 계층 분리가 발생했습니다. 더구나 공공 임대 주택 거주자 중에는 북아프리카 출신이 많았기 때문에 사회적 계층 분리를 넘어 인종별 주거 분리까지 유발했습니다.

프랑스 임대 주택의 빛과 그늘

프랑스는 1980~90년대부터는 정책 방향을 바꾸었습니다.

우선 세그리게이션이 아닌 소셜 믹스를 위해 공공 임대 주택을 도심 곳곳에 소규모로 짓습니다. 아울러 임대 주택 거주자는 가난한 사람이라는 인식을 개선하기 위해 입주 자격을 대폭 완화했습니다. 소득 기준으로 전체 국민 80%를 받아들임으로써 상위 20%를 제외한 국민 대부분이 입주할 수 있게 했어요. 공공 임대 주택은 적정한 가격의 임대 주택이라는 의미에 부합하는 명실상부한 국민 주택이자 대중 주택이 된 것입니다.

물론 이러면 국가에서 감당해야 할 몫이 커집니다. 80%의 국민에게 모두 임대 주택을 공급하기란 사실상 불가능해요. 그래서 프랑스에서는 사회적 계층에 따른 임대료 차등 정책을 실시하고 있습니다. 같은 집에 살더라도 영세민일수록 임대료를 적게 내고 중간 계층일수록 임대료를 많이 내는 방식입니다.

현재 프랑스의 공공 임대 주택에는 세 가지 유형이 있습니다. 우선 '통합 지원 임대 주택'이라 번역할 수 있는 PLAI(Prêt Locatif Aidé d'Intégration)가 있습니다. 경제적으로 가장 어려운 서민에게 지원되는 제도로, 프랑스 가정의 32%가 혜택을 받을 수 있으며 임대료가 가장 저렴합니다.

두 번째로 '사회적 용도의 임대 주택'이라 번역할 수 있는

PLUS(Prêt Locatif à Usage Social)가 있습니다. 가장 일반적인 유형의 공공 임대 주택으로, 프랑스 내 68%의 가정이 입주할 수 있고 중간 수준의 임대료를 냅니다. 세 번째로 '사회적 임대 주택'이라 번역할 수 있는 PLS(Prêt Locatif Social)가 있습니다. 프랑스 내 82%의 가정이 입주할 수 있으며 가장 많은 임대료를 냅니다.

이 세 가지 유형의 임대 주택은 지역별로 분리되지 않습니다. 즉 아파트 세 동을 지어 이곳은 PLAI, 저곳은 PLUS, 또 저곳은 PLS, 이런 식으로 나누지 않아요. 아파트 한 동에 함께 입주하되, 각 가정은 가족 수에 맞게 작은 집이나 넓은 평수의 집에 삽니다. 이들은 소득 수준에 따라 PLAI나 PLUS 혹은 PLS로 분류되어 여기에 해당하는 임대료를 부담합니다. 우리나라처럼 공공 임대 주택은 무조건 소형 평수만 있는 것이 아니에요. 프랑스 임대 주택은 4개의 침실이 있는 중대형 아파트도 있습니다.

대개 다자녀 가정이 이런 중대형 아파트에 입주하는데, 소득 수준에 따라 가장 적은 임대료를 내는 PLAI 지원을 받을 수도 있습니다. 반대로 독신자라면 침실이 1개인 작은 아파트를 배정받는데, 소득 수준이 높다면 PLS 지원 대상이 되어 가장 많은 임대료를 내게 됩니다. 따라서 좁은 집에 산다고 적은 임대료를 내는 것도 아니고, 넓은 집에 산다고 많은 임대료를 내는 것도 아닙니다. "주택의 면적은 가족 수에 맞게, 임대료는 소득 수준에 맞게"라는 원칙이 적용되기에 매우 합리적입니다. 아울러 PLS까지 포함하여 전체적으로 소득 기준 82% 내의 사람들이 살 수 있기에, 공공 임대 주택은 결코 영세민 거주지라는 낙인이 생기지 않습니다. 명실상부 국민 주택이라 할 수 있습니다.

물론 프랑스의 공공 임대 주택에도 그림자는 있습니다. 상대적으로 저소득층인 사람들이 많이 살다 보니 부정적인 이미지가 있는 것도 사실입니다. 설문 조사에 의하면 프랑스인 중 70%가 공공 임대 주택이 거주지로서 쾌적하지 않다고 여깁니다. 특히 거주 비율이 높은 북아프리카계 흑인에 대한 반감이 큽니다. 프랑스인 중 57%가 공공 임대 주택을 경범죄 소굴로 여기거나 55% 정도가 비위생적인 주택으로 여긴다는 설문 조사도 있는데, 이는 극복해야 할 과제로 남아 있습니다.

3

주거 복지와
공공 임대 주택

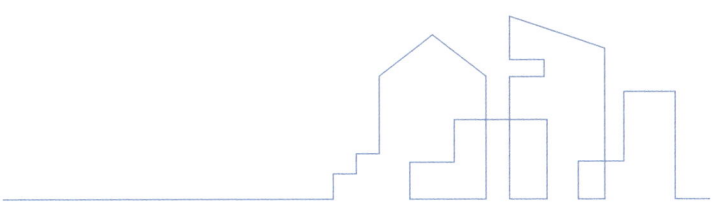

영국은 프랑스와 더불어 공공 임대 주택이 잘 확충된 나라입니다. 영국도 프랑스와 마찬가지로 19세기 중반 산업 혁명이 시작되면서 노동자 수가 크게 늘었습니다. 19세기에는 런던을 필두로 맨체스터, 버밍엄, 리버풀 등의 신흥 공업 도시가 급성장했는데, 이들 도시로 몰려든 노동자들의 생활은 비참했습니다.

영국 임대 주택 정책의 전환

기반 시설이 없는 상태에서 갑자기 사람이 몰리다 보니 살 집이 크게 부족했습니다. 예닐곱 명이나 되는 한 가족이 단칸방에 세 들어 사는 게 예사였고 독신자는 침대 하나만을 빌려 잠만 자고 나오기도 했습니다. 당시 열악한 주거 상황은 마르크스의 동료였던 엥겔스가 쓴 『영국 노동자 계층의 실상』에 상세히 묘사되어 있습니다. 비좁고 비위생적이고 불결한 생활 환경 속에서 폐결핵, 콜레라, 장티푸스 같은 전염병이 창궐했습니다. 이렇게 노동자 계층의 주거 실태가 심각한 상황에서 마침내 영국 정부가 나섰습니다.

1851년 '노동 계층의 숙소 제공법', 1866년 '노동 계층의 주택 공급법' 등을 비롯한 여러 법률을 제정하여 지자체가 노동자를 위해 주택을 건설하도록 했습니다. 이들 법률은 1885년 '노동 계층의 주택법'으로 통폐합되면서 지자체는 공공 임대 주택의 공급 주체가 되었습니다. 지금도 영국은 많은 공공 임대 주택을 지자체가 공급하는데 그 시작이 바로 19세기 중반이었습니다.

그러다가 영국도 20세기 초반인 1914년에서 1918년까지 제1차 세계 대전에 참전합니다. 나라의 명으로 참전하고 돌아온 용사에게 국가는 보상을 해 주어야 했습니다. 그중에는 주택도 포함되어 있었습니다. 1919년 영국은 '주택 및 도시 계획법'을 제정합니다. "전쟁에서 돌아온 영웅에게 주택을"이라는 슬로건 아래 3년간 50만 호의 공공 임대 주택을 건설한 이 사업은 1940년까지 계속되었습니다. 1941년 당시 영국 전체 주택 수 1060만 호 가운데 공공 임대 주택은 대략 10%를 차지했습니다.

제2차 세계 대전이 끝난 1940년대 중반 영국은 복지 국가의 기반을 다집니다. 1945년 노동당이 "요람에서 무덤까지"라는 구호를 내세우면서 완벽한 사회 보장 제도를 주장한 것이 이즈음이었습니다. 1945년부터 1979년까지 34년간 복지 국가 건설에 주력하면서 공공 임대 주택은 양적 공급에 치중했습니다. 특히 1950~60년대에 지자체의 대규모 공공 임대 주택 건설이 이루어졌습니다. 그 결과 영국은 1980년에 약 670만 호의 공공 임대 주택을 보유했는데 이는 당시 세계 최고 수준이었습니다.

하지만 영국도 프랑스와 마찬가지로 1970년대부터 공공 임대 주택에 대한 문제점들이 드러나기 시작했습니다. 공공 임대 주택은 한정된 땅에 최대한 많이 짓기 위해 고층 아파트 형태를 띠었는데, 영국 사람들은 이를 좋아하지 않았습니다. "영국인에게 있어 집은 그의 성(城)이다"라는 말이 있습니다. 영국 귀족을 일컬어 '전원(田園) 귀족'이라고 하듯 그들은 마당이 있는 단독 주택을 선호했습니다.

영국의 타운하우스 모습.

19세기부터 도시화가 진행되면서 영국의 중산층이 런던에 밀집해 살았지만, 아파트를 짓지는 않았습니다. 대신 '타운하우스'라고 하여 1층부터 4층까지 한 가족이 전체를 사용하는 집에 살았습니다. 아파트처럼 위아래 집에 다른 가족이 사는 형태를 도저히 받아들이지 못했습니다. 이렇듯 '마당이 있는 단독 주택'의 전통이 강한 나라에 지어진 고층 아파트는 "공공 임대 주택이란 곧 닭장 같은 집"이라는 인식과 함께 큰 반감을 불러일으켰습니다.

영국은 1970년대 과도한 복지 정책으로 인해 국가 재정에 부담이 커진 상태에서 1976년 국제통화기금(IMF)에 구제 금융을 요청합니다. 국가적 위기 상황에서 1979년 보수 정당인 토리당이 선거에서 승리하면서 대처 총리가 정권을 잡습니다. 대처는 복지 정책의 대대적인 축소를 감행하는데, 그중에는 공공 임대 주택도 포함되어 있었습니다.

1980년대 대처 총리는 임대 주택을 팔기로 합니다. 본래 지자체 소유인데 이를 그 집에 사는 세입자에게 시장 가격보다 값싸게 넘긴 것입니다. 시세의 3분의 1에서 2분의 1 가격이었으니 무척 저렴했습니다. 내 집 마련을 소망하는 이들에게는 무척 좋은 기회였지만 목돈을 마련할 수 없는 가구에는 그림의 떡이었습니다.

한편 비영리 민간 기관인 주택 조합에 넘기는 일종의 민영화 조치를 시행했습니다. 그 결과 1979년까지 전체 가구의 3분의 1에 이르던 공공 임대 주택 거주자 수가 줄어들어, 2024년에는 전체 가구의 17%가 공공 임대 주택에 거주하게 됩니다. 비율로 따져보면 절반 가까이 줄어든 것으로 보입니다. 이 정도도 적은 수는 아니어서, 오늘날 영국은 프랑스와 더불어 공공 임대 주택의 비율이 가장 높은 나라 중 하나입니다. 한편 공공 임대 주택의 비율이 매우 낮은 나라가 있으니 바로 미국입니다.

미국의 주거 바우처 제도

미국의 공공 임대 주택은 1930년대부터 지어지기 시작했습니다. 1929년 미국은 대공황이라는 커다란 경제 위기를 겪습니다. 이후 선출된 루스벨트 대통령(1933~1945년 재임)은 경제를 살리기 위해 뉴딜 정책(1933~1938년)을 펼치는데, 그중에는 공공 임대 주택 건설도 포함되어 있었습니다. 대규모 건설 사업은 많은 일자리를 창출해 실업을 해소하고 경기를 부양하는 효과가 크기 때문입니다.

미국 정부는 1937년 주택법을 제정하여 본격적으로 공공 임대 주택을 공급했습니다. 그리고 제2차 세계 대전 후인 트루먼 대통령(1945~1953년 재임) 시절에도 공공 임대 주택이 집중적으로 지어졌습니다. 1950~60년대 미국은 이른바 '풍요의 시대'를 맞이하고 있었습니다. 경제가 활성화된 이유 중에는 늘어난 소비가 한몫했습니다. 중산층을 위한 교외 주택지 개발, 자동차와 각종 가전제품의 보급으로 공장 생산이 활성화되어 많은 일자리가 생겼습니다.

미국 정부도 제2차 세계 대전 참전 용사에게 살 집을 마련해 주어야 했는데, 이는 도심의 아파트가 아닌 마당이 딸린 널찍한 2층 단독 주택이었습니다. 미국인도 영국인과 마찬가지로 단독 주택에 대한 선호가 강했습니다. 땅값이 비싼 도심 대신 교외 지역에 단독 주택들이 빠른 속도로 지어졌습니다. 도심에 있는 직장까지는 승용차를 이용했어요. 때마침 포드, 제너럴모터스 같은 자동차 회사에서 값싼 자동차를 생산하기 시작한 덕분입니다.

교외에 지어진 집에서 생활하려면 자동차는 필수였습니다. 슈퍼마켓에라도 한번 가려면 차를 이용해야 했습니다. 거리가 있으니 한번 장을 볼 때마다 일주일 치 먹을거리를 사왔습니다. 이를 저장할 대형 냉장고가 불티나게 팔렸습니다.

자동차 회사에 이어 가전 회사가 급성장하면서 냉장고뿐 아니라 세탁기, 식기 세척기, 진공청소기, 에어컨, 텔레비전 등 널찍한 집 안을 채워 줄 각종 제품을 생산하기 시작했습니다.

교외의 단독 주택 건설, 자동차 및 가전 회사의 성장 등이 미국 경제를 떠받치는 힘이 되면서 전쟁 후의 복잡한 사회 문제들도 수그러들었습니다. 교외에 마련된 단독 주택이 미국 중산층의 상징이 되는 동안 공공 임대 주택은 한정된 땅에 많은 집을 짓기 위해 도심에 고층 아파트 형식으로 지어졌습니다.

그러자 중산층은 교외의 단독 주택에 살고 빈곤층은 도심의 고층 아파트에 산다는 이분법이 생겼습니다. 그 당시 미국에서는 "초콜릿 도심, 바닐라 교외"라는 자조적인 말이 유행했습니다. 피부색으로 인종 격차를 표현한 말이에요. 실제로 1950~60년대만 해도 미국에서 흑인과 백인 간 소득 격차가 심각했습니다. 당시 찍은 영화나 드라마에 나오는 미국 도시의 모습도 이와 비슷합니다. 도심의 어두운 밤거리를 걷다가 가난한 흑인들을 맞닥뜨리는 장면이 자주 나와요.

백인 중산층과 흑인 빈민층 주거지가 명확히 나누어지면서 공공 임대 주택에 대한 인식은 점점 나빠졌습니다. 흑인들은 단순히 가난한 사람뿐만이 아니라 잠재적 범죄자 취급을 받기 시작합니다. 그러면서 고층의 공공 임대 주택에 부정적인 이미지가 생기고 중산층이 빠져나가면서 슬럼화되기 시작했습니다.

대표적인 사례가 1950년대에 지어진 세인트루이스시의 공공 임대 주택 단지 프루이트-아이고(Pruitt-Igoe)였습니다. 이곳은 슬럼화되다 못해 범죄의 온상이 되다시피 하면서 결국 단지 전체를 철거하기에 이릅니다. 경각심을 주기 위해 폭파 공법이 쓰였습니다. 거대한 아파트가 쓰러지는 유명한 장면은 이후 건축 교과서에서도 빠짐없이 실릴 정도였습니다. 이 일이 있고 난 1973년, 닉슨 대통령은 공공 임대 주택 건설의 잠정적인 중단을 선언합니다. 대신 1974년부터 주택 바우처 제도로 정책이 전환됩니다. 저소득층은 공공 임대 주택이 아닌 민간 임대 주택에 살도록 권장하고, 임대료 일부를 국가에서 보조해 주었습니다.

오늘날 미국 주거 복지의 특징은 공공 임대 주택을 짓는 대신 저소득층에게 임대료를 지원하는 방식입니다. 여기에는 대단지 공공 임대 주택과 비교해 몇 가지 장점이 있습니다. 우선 자신이 살고 싶은 곳을 자유로이 선택할 수 있습니다.

둘째로 가난한 흑인들이 대규모로 모여 살면서 생기는 이른바 '빈곤 집중에 따른 낙인 문제'가 발생하지 않습니다. 저

철거되기 전 프루이트-아이고 단지.

소득층도 중산층들이 사는 깨끗하고 조용한 동네에 집을 얻을 수 있어요. 임대료를 국가에서 어느 정도 보조해 주니 큰 부담이 없습니다.

셋째로 정부나 지자체의 부담도 줄어듭니다. 공공 임대 주택을 짓는 데는 큰돈이 들어요. 하지만 주거 바우처 제도하에서는 그럴 필요가 없습니다. 그 돈으로 임대료 보조를 하면 되니까요. 그래서 현재 미국의 공공 임대 주택 비율은 전체 주택의 1% 정도밖에 되지 않습니다. 프랑스나 영국과 비교하면 상당히 낮은 수치입니다.

미국은 이외에도 자가 구매를 돕는 각종 금융 정책이 발달해 있습니다. 중산층의 상징인 교외에 마련된 널찍한 단독 주택은 여전히 아메리칸드림의 상징이에요. 백인 중산층뿐 아니라 흑인과 유색 인종도 이런 집을 사도록 유도하고 지원하는 것이 미국식 주거 복지 제도의 특징입니다. 그런데 이와는 반대되는 정책을 펼치는 나라가 있으니 바로 독일입니다.

집을 살 필요가 없는 독일 국민들

독일은 공공 임대 주택 비율이 낮으면서 자가 소유 비율은 높지 않은 나라로 유명합니다. 2024년 기준 독일의 공공 임대 주택 재고는 107만여 채, 비율은 2.5%로 영국이나 프랑스 등과 비교하면 무척 낮습니다. 자가 소유 비율도 47.2%로 유럽 평균인 55~60%와 비교해 낮은 편입니다. 독일 전체 가구의 절반은 민간 임대 주택에 살고 있습니다. 즉 개인이 소유한 집에 월세로 사는데 이에 큰 불편을 느끼지 않습니다. 우리나라와 달리 임대 시장이 안정되어 있기 때문입니다.

독일에서는 집을 빌려 사용하는 임차인의 권리를 보장합니다. 대표적인 것이 자동 임대 갱신권으로, 임차인이 월세를 내지 않거나 집을 훼손하는 등의 명백한 사유가 있지 않고서는 주인 마음대로 임대차 계약을 해지할 수 없습니다. 둘째로는 월세의 안정화로, 매년 일정 비율 이상으로 월세를 올릴 수 없습니다.

임차인은 언제든지 계약을 해지할 수 있지만, 임대인은 그러지 못하고 월세를 한꺼번에 큰 폭으로 올릴 수 없는 것, 이 두 가지 장치 덕분에 민간 임대 주택의 세입자라도 마음 편하게 살 수 있습니다. 또한 전 유럽을 통틀어 집값이 가장 안정적이기 때문에 굳이 집을 사려고 하지 않습니다. 이는 우리처럼 집을 투기의 수단으로 삼지 않는다는 뜻입니다.

일반적으로 연금을 비롯해 노인 복지가 잘되어 있는 나라

일수록 자가 소유율이 낮고 반대로 노인 복지가 미비한 나라일수록 자가 소유에 집착하는 경향이 있습니다. 한국은 후자에 해당하는 대표적인 나라로 국민연금 수급액이 턱없이 낮고, 노인 빈곤율은 매우 높은 수준이에요. 한편 집값이 매우 비쌉니다. 가격이 오르기만 할 뿐 떨어지는 일은 매우 드뭅니다. 그러니 많은 이가 노후의 든든한 경제적 기반으로서 주택 소유에 집중해요.

독일은 연금의 소득 대체율이 60~70% 정도 됩니다. 젊은 시절 평균 300만 원의 월급을 받았다면 노후에 받는 연금은 그 60~70%에 해당하는 180~210만 원 수준이라는 뜻입니다. 연금을 많이 받으니 굳이 노후 대비용으로 주택을 살 필요가 없습니다. 이것이 독일 주거 복지 제도의 가장 큰 특징입니다. 물론 독일도 고령화에 따른 재정 문제로 조금씩 연금 수급 시기가 늦춰지고 소득 대체율도 점차 낮아지고 있지만, 그래도 노인 빈곤율이 낮은 안정적인 나라에 속합니다. 사회 안전망 속에서 국민 절반이 세입자로 살아도 안심하고 살아 갈 수 있어요.

독일의 안정적인 임대 시장도 한 차례 시련을 겪었습니다. 동서독 통일 직후인 1990년대에 공공 임대 주택 건설을 줄이고 수십만 채를 민간 임대 사업자에 매각하는 등 민영화를 추

진했습니다. 이때 대형 부동산 회사들이 임대 주택을 사들이면서, 주택 임대 시장이 일종의 독과점 형태로 변질되었습니다. 그러면서 임대료가 급등하여 거주자들에게 큰 부담이 되었습니다. 2008년부터 2018년 사이 베를린의 민간 임대 주택 임대료는 평균 37% 정도로 크게 상승했고 이에 많은 사람이 외곽의 변두리로 밀려나는 현상을 겪기도 했습니다.

지금까지 프랑스, 영국, 미국, 독일의 사례를 살펴보았습니다. 이 중 프랑스와 영국은 일찍부터 공공 임대 주택 확충에 힘썼던 나라입니다. 미국은 주거 바우처 제도에 치중하고 있으며 독일은 민간 임대 시장 안정화에 주력하고 있습니다. 미국과 독일의 사례는 조금 특이해 보일지라도 주거 복지라는 큰 틀에서 보자면 공공 임대 주택 대신 다른 방법으로 주거 안정을 꾀하고 있다는 공통점이 있습니다.

조합이 주도하는 네덜란드의 임대 주택

네덜란드는 땅은 좁고 인구가 많은 나라입니다. 국토 면적은 남한의 42% 정도이고 그중 4분의 1이 해수면보다 낮습니다. 인구 대부분 헤이그, 암스테르담, 위트레흐트 등의 대도시에 밀집되어 있습니다. 공공 임대 주택은 크게 발달하여 전체 주택 중 33%에 이릅니다. 3가구 중 1가구가 공공 임대 주택에 사는 셈으로 이는 세계 최고 수준입니다.

네덜란드도 유럽의 다른 나라와 마찬가지로 제2차 세계 대전 당시 주택의 손실이 컸습니다. 전체 주택 중 8만 호가 사라졌고 40만 호가 심하게 부서졌습니다. 아마 제2차 세계 대전 직후 유럽에서 주택 부족이 가장 심각했던 나라 중 하나였을 것입니다. 이에 네덜란드 정부는 대대적인 공공 임대 주택 건설에 착수합니다. 1940~50년대에는 주택 공사가 담당하다가 1960년대부터는 비영리 민간단체라 할 수 있는 주택 조합이 공급을 담당하고 있습니다.

네덜란드 공공 임대 주택의 특징은 주택 조합이 큰 역할을 한다는 것입니다. 주택 조합이란 지자체나 공기업이 아닌 비영리 민간단체로서 1850년대에 건축 협회에서 출발했습니다. 그 후 노동자 조합, 공무원 조합도 생겼다가 1901년 주택법에 근거하여 주택 조합이 국가 공인 기관이 되었습니다.

2024년 네덜란드의 비영리 주택 조합의 수는 270여 개이며, 네덜란드 전체 임대 주택의 약 75%를 차지하는 230만 호의 조합 주택을 소유 및 관리하고 있습니다. 네덜란드 공공 임대 주택은 입주에 소득 제한이 없습니다. 그래서 저소득층

네덜란드 암스테르담의 모습.

은 물론 중간 계층이나 고소득층도 자유롭게 이용할 수 있습니다. 한편 네덜란드는 독일과 달리 민간 임대 시장이 발달하지 않았습니다. 전체 주택 재고 중 7%만이 민간 임대 주택인데, 이마저도 정부의 통제를 받습니다. 임대료를 일정 수준 이상으로 올릴 수 없을뿐더러 임차인은 살던 집에서 거의 무기한으로 계속 살 수 있습니다.

공공 임대 주택의 천국이던 네덜란드에 2000년대 초반부터 조금씩 변화의 바람이 붑니다. 유럽 연합(EU) 가입에 따라 2005년부터 공공 임대 주택 정책 기조가 변한 것입니다. 소득과 상관없이 국민 모두 입주할 수 있었던 공공 임대 주택은 이제 90%에 해당하는 물량을 저소득층에게 공급해야 합니다. 이에 중간 계층이나 고소득층 주거자에게는 임대료 할증 부과 등을 통해 퇴거를 유도하고 있습니다.

확대인가 축소인가
-공공 임대 주택을 둘러싼 논쟁

영국의 마거릿 대처는 강한 리더십을 보인 덕에 '철의 여인'이라는 별명도 얻었어요. 그런데 한편으로 '신자유주의의 마녀'라는 오명도 얻었습니다. 대처가 비판받은 이유는 공공 복지를 축소했기 때문입니다.

대처가 총리로 선출되던 1979년 당시 영국 경제 상황은 매우 어려웠습니다. 1970년대에 산유국들이 일제히 석윳값을 올리는 석유 파동을 두 차례나 겪으면서 영국뿐 아니라 전 세계가 큰 어려움을 겪었습니다. 게다가 동아시아 국가인 한국, 타이완, 일본 경제가 급성장하면서 값싸고 질 좋은 공산품이 유입되자 영국의 제조업은 큰 타격을 입었습니다. 결국 영국은 1976년에 국제통화기금에 구제 금융을 신청하게 됩니다. 그러면서 물가는 오르고 경기는 침체되는 스태그플레이션이 지속되었습니다.

대처 총리는 이를 해소하고자 복지 정책의 축소를 단행했고 여기에는 공공 임대 주택의 매각도 포함되어 있었습니다. 이후에 집권한 노동당의 토니 블레어 총리(1997~2007년 재임) 역시 공공 임대 주택의 축소 정책을 유지했습니다. 보수적인 정당이 집권하면 자가 소유를 촉진하고 진보 정당이 집권하면 공공 임대 주택을 확대하는 게 일반적입니다. 그런데 토니 블레어는 진보 정당인 노동당 당수 출신임에도 복지 정책을 축소하고 공공 임대 주택 매각을 고수하면서 '대처의 아들'이라는 별명까지 얻었습니다. 그 결과 1970년대만 해도 전 국민의 3분의 1이던 공공 임대 주택 거주자 비율이 2015년 기준으로 5분의 1로 줄어들어요.

이렇게 되자 주류 계층은 내 집에서 살고, 저소득층, 이민자, 고령자, 장애인 등 주변 계층은 공공 임대 주택에 남게 됩니다. 일반적으로 공공 임대 주택에 사는 가구 비율이 낮을수록 공공 임대 주택 거주자의 주변화와 소외 계층화가 일어나기 쉽습니다. 비슷한 현상이 1980년대 미국에서도 일어났어요.

1980년 보수 정당인 공화당 후보 레이건이 대통령에 당선됩니다. 그는 대처와 마찬가지로 신자유주의 경제 정책을 펼쳤습니다. 신자유주의는 국가의 개입과 조정을 최소화하고 시장 경제에 맡기는 정책 기조를 말합니다. 시장이 가진 효율성을 높게 평가하면서 강력한 사적 재산권, 자유 시장, 자유 무역을 주장합니다. 국가와 공공 기관이 주도하는 복지 정책을 경제 성장을 저해하는 요인으로 간주하면서 이들을 축소해요. 공공 부문의 민영화도 이루어집니다. 공공 임대 주택도 그렇게 팔려 나갔어요.

1990년대가 되면 유럽에서도 비슷한 일이 일어납니다. 복지 천국으로 알려진 북유럽 국가들은 1960~70년대 공공 임대 주택을 대량으로 공급했습니다. 그러다가 1990년대 유럽 연합에 가입하면서 서유럽의 다른 나라들과 보조를 맞추기 위해 복지 정책을 축소해야 했어요. 그 결과 공공 임대 주택도 많이 줄었습니다.

동유럽 국가들도 마찬가지입니다. 1980년대 말까지 이들 나라는 러시아를 주축으로 하는 소비에트 연방, 이른바 소련으로 묶여 있었습니다. 당시 소련은 사회주의 국가였기 때문에 북유럽 국가 못지않게 공공 임대 주택이 잘 갖추어져 있었습니다. 그러다가 1991년 소련이 해체되고 동유럽 국가들이 독립하면서 복지 정책도 큰 변화를 겪었어요. 이 시기에 공공 임대 주택도 많이 줄었습니다.

요약하자면 신자유주의가 출현하면서 영국과 미국 등 여러 나라에서 정책적으로 임대 주택을 줄였습니다. 유럽도 그 영향을 받았어요. 그 결과 공공 임대 주택은 주변부로 밀려나고 맙니다. 저소득층, 장애인, 노인, 이민자 등 주류 사회에 편입하지 못하는 계층들이 사는 집이 되어 버린 것입니다. 우리도 이런 일이 생기기 전에 미리 대비해야 합니다.

4
한국 공공 임대 주택의 역사

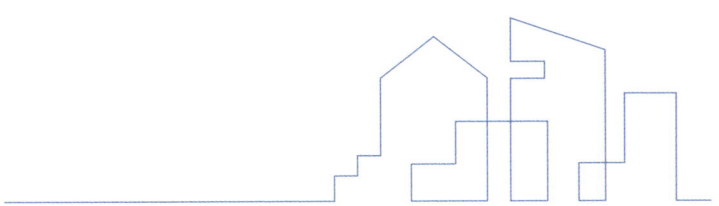

1960년대 지어진 마포아파트는 우리나라에서 처음으로 시도된 대단지 아파트였습니다. 1950년대에도 종암아파트, 개명아파트 등이 지어지긴 했지만 한 동이나 세 동짜리 소규모였습니다. 하지만 마포아파트는 10개 동 642가구로 이루어져 당시로서는 대단지에 속했습니다. 그뿐만 아니라 이곳은 공공 임대 주택이기도 했습니다.

1964년에 등장한 최초의 대단지 아파트

서울시 마포구 도화동에 자리 잡았던 마포아파트는 1961년에 짓기 시작해 1964년에 최종 완공되었습니다. 사업 주체는 현 토지주택공사(LH공사)의 전신인 대한주택공사였습니다. 1961년은 박정희가 군사 쿠데타를 일으켜 정권을 잡은 해이기도 합니다. 당시에는 일상에서도 '혁명'이라는 말을 자주 사용했는데, 마포아파트도 '생활 혁명'을 이룬다는 목표 아래 여러 가지 새로운 시설들이 시도되었습니다. 일단 최초의 대단지 아파트였으며 단지 내에 어린이 놀이터와 슈퍼마켓도 함께 있었습니다. 이러한 시설은 유럽에서는 이미 1920~30년대부터 도입되었지만, 우리나라에서는 처음이었습니다.

마포아파트의 월 임대료는 1880~4230원 정도로 비싼 편이었습니다. 당시 9급 공무원 월급이 5000원, 고위 공무원 월급이 3만 원 정도였으니까요. 서민이 감당하기에는 어려운 수준이어서 입주민은 대개 아파트라는 새롭고 서구적인 환경에서 살아 보고 싶어 했던 중산층이었습니다. 당시 마포아파트가 중산층 주택 이미지였던 것도 이 때문이에요.

마포아파트는 얼마 지나지 않아 임대에서 분양 방식으로 전환됩니다. 입주자들은 목돈을 내고 그 아파트를 사야 했습니다. 자금난에 빠진 대한주택공사가 아파트를 팔아 건설 비용을 회수하려고 했기 때문입니다. 이런 상황은 1970년대에도 반복되었습니다. 대한주택공사는 1971년 서울 개봉 지구

내 집이 꼭 있어야 할까?

1965년 마포 아파트의 모습.

에 주공아파트 300호를 지어 임대한 뒤 1년 후 분양했습니다. 잠시 임대했다가 분양으로 전환하는 방식으로 1980년까지 대략 6500호 가까이 되는 주택이 지어집니다. 수십 년 이상 장기간 계속 임대해서 사용하는 이른바 영구 임대 아파트가 등장한 것은 1980년대 말이었습니다.

올림픽 전후 철거민 투쟁과 공공 임대 주택

1980년대가 되면 서민들의 주거 문제가 심각해집니다. 당시 우리나라는 88서울올림픽을 앞두고 대대적인 도심 정비 작업을 했습니다. 과거 한국 전쟁(1950~1953년)을 겪었기에, 1950~60년에는 주택 부족 문제가 심각했습니다. 피난을 갔던 사람들이 서울로 돌아와 국공유지이던 산등성이에 얼기설기 집을 짓고 사는 경우가 많았습니다. 이를 판자촌이라고 했는데, 올림픽을 앞두고 도심 미관을 해친다는 이유로 대대적인 철거 작업이 벌어진 것입니다.

판자촌이 무허가 주택이긴 해도 오랜 시간 살아온 삶의 터전이 하루아침에 철거된다는 것은 여간 큰일이 아닙니다. 그래서 이에 항의하는 철거민들의 투쟁이 1980년대 중반 빈번

철거반원들에 의해 폐허로 변한 서울 사당 2동.
이곳에 살던 세입자들은 생활의 근거지를 박탈당했다(1988년 11월).

하게 일어났습니다. 1985년 목동, 1986년 상계동, 1987년 사당동 등에서 철거 반대 투쟁이 벌어졌고 1988년에는 도화동, 홍은동, 전농동 등 수많은 곳에서 이런 일이 벌어졌습니다.

이때는 민주화 투쟁도 격렬했습니다. 우리나라는 1970~80년대 초반까지 대통령을 국민이 직접 뽑지 못했습니다. 선거인단을 먼저 선출한 후 그들이 대통령을 뽑는 간접 선거 방식이었습니다. 하지만 민주화 투쟁의 결실로 얻은 직접 선거로 1987년에 노태우가 대통령에 당선됩니다.

1989년 그는 주택 100만 호 건설을 약속하고, 그중 4분의 1에 해당하는 25만 호를 서민을 위한 임대 주택으로 짓기로 합니다. 임대 기간은 50년이었고 앞선 1960~70년대처럼 분양으로 전환하지 않았기에 '영구 임대 주택'이라 불렸습니다. 영구 임대 주택은 서울 번동 지구를 시작으로 지어졌는데, 임대 보증금 100~200만 원에 월 임대료는 3~4만 원으로 저렴한 편이었습니다. 1991년에는 처음 목표와 다르게 19만 호로 공급 계획이 축소되었지만, 어쨌든 우리나라 공공 임대 주택의 본격적인 시작이었습니다.

내 집이 꼭 있어야 할까?

시기별 공공 임대 주택 종류와 특징

현재 우리나라 공공 임대 주택의 종류는 영구 임대 주택, 국민 임대 주택, 행복주택, 장기 전세 주택, 매입 임대 주택 등 크게 다섯 가지가 있습니다. 그 특성을 나열해 보면 다음과 같습니다.

① 영구 임대 주택

1989년 노태우 정부에서 시작되었습니다. 국가나 지방 자치 단체로부터 재정을 지원받아 최저 소득 계층의 주거 안정을 위해 50년 이상의 기간 또는 영구적인 임대를 목적으로 공급하는 공공 임대 주택입니다. 1992년 잠정 중단되었다가 2008년 이명박 정부에서 재개되었습니다. 전용 면적이 30제곱미터 미만은 1~2인 가구, 30~39제곱미터 미만은 3인 가구, 39제곱미터 이상은 4인 이상 가구에 공급하고 있습니다.

② 국민 임대 주택

1998년 김대중 정부에서 시작된 공공 임대 주택입니다. 국가나 지방 자치 단체의 재정이나 주택 도시 기금을 지원받아 저소득 서민의 주거 안정을 위해 지어집니다. 처음에는 10년

혹은 20년의 임대를 목적으로 했다가 이후 30년 이상으로 변경되었습니다. 도시 근로자 가구 평균 소득 50% 이하인 대상에게는 50제곱미터 미만 면적의 주택을, 도시 근로자 가구 평균 소득 70% 이하인 대상에게는 50~60제곱미터 면적의 주택을, 도시 근로자 가구 평균 소득 100% 이하에게는 60제곱미터 초과 면적의 주택을 공급하고 있습니다.

③ 기존 주택 매입 임대 주택

노무현 정부에서 시작된 제도로 국가나 지방 자치 단체의 재정이나 주택 도시 기금을 지원받아 기존 주택을 매입하여 '국민 기초 생활 보장법'에 따른 수급자 등 저소득층과 청년 및 신혼부부 등에게 공급하는 공공 임대 주택입니다. 면적 50제곱미터 이하의 주택은 가구원 수 제한 없이 공급하고, 50~85제곱미터 이하의 주택은 3인 이상 가구에 공급하고 있습니다.

④ 행복주택

박근혜 정부에서 시작된 제도로 국가나 지방 자치 단체의 재정이나 주택 도시 기금을 지원받아 대학생, 사회 초년생, 신혼부부 등 젊은 층의 주거 안정을 목적으로 공급하는 공

내 집이 꼭 있어야 할까?

공 임대 주택입니다. 청년, 대학생 등 1인 가구에는 30제곱미터 이하의 주택을, 신혼부부, 한 부모 등 2인 이상 가구에는 30~45제곱미터의 주택을 공급하고 있습니다.

⑤ 장기 전세 주택

국가나 지방 자치 단체의 재정이나 주택 도시 기금을 지원받아 전세 계약 방식으로 공급하는 공공 임대 주택입니다. 도시 근로자 가구 평균 소득 100% 이하에는 면적 60제곱미터 이하의 주택을, 도시 근로자 가구 평균 소득 120% 이하에는 60~85제곱미터의 주택을, 도시 근로자 가구 평균 소득 150% 이하에는 85제곱미터 이상의 주택을 공급하고 있습니다.

공공 임대 주택의 질적 성장을 위한 조언

우리나라 공공 임대 주택은 지난 1989년 영구 임대 주택을 시작으로 36년 남짓한 시간 동안 많이 성장했습니다. 그동안은 부족한 공공 임대 주택을 빠르게 공급하기 위해 양적 팽창에 치우친 경향이 있습니다. 그러다 보니 작은 평수 위주로 지어 4인 가족이 살기에 비좁은 경우도 있었습니다.

오늘날 전체 주택 중에서 공공 임대 주택이 차지하는 비율이 7.5% 정도 되며 이로써 어느 정도 양적 공급은 충족되었다고 볼 수 있습니다. 전체 무주택자 가구 가운데 18%가 공공 임대 주택에 거주합니다. 1989년부터 지금까지 매년 평균적으로 10만 호 남짓한 공공 임대 주택을 지었으니 적은 수는 아닙니다. 그렇지만 선진 외국과 비교하여 몇 가지 부족한 점도 있습니다.

첫째로 주거 유형이 너무 복잡합니다. 앞서도 살펴보았듯 큰 갈래만 따져 보아도 다섯 종류인 데다 유형별로 세분되는데, 저마다 입주자 선정 기준이 서로 다릅니다. 대상자가 임대 주택에 들어가고 싶어도 어디에 신청해야 하는지, 자격은 어떻게 되는지 알기 어렵고 애매한 경우가 많습니다. 특히 1인 가구, 노인 등 사회적 교류가 부족한 이들에게 복잡한 공공 임대 주택 신청 과정은 매우 큰 장벽입니다. 주민센터를 직접 방문해 도움을 받을 수도 있지만, 몸이 불편한 장애인의 경우에는 이마저도 어렵습니다.

공공 임대 주택 유형이 이렇게 많아진 데는 정치적 요인이 큽니다. 새로운 정권이 들어설 때마다 선심성 혹은 과시용 정책을 발표했어요. 일찍이 군사 쿠데타로 정권을 잡은 박정희 대통령은 마포아파트를 공공 임대 주택으로 지었습니다. 직

선제 개헌 이후 당선된 노태우 대통령은 영구 임대 주택 25만 호 건설이라는 파격적인 정책을 내세웠습니다. 그리고 김대중 대통령은 국민 임대 주택이라는 제도를, 박근혜 대통령은 행복주택이라는 제도를 새로 만들었습니다. 이렇게 종류가 많아지다 보니, 신청 절차가 까다로워 그만 포기하는 경우도 생깁니다. 복잡한 유형 분류와 제도, 절차를 통합하여 접근성을 높일 방안이 필요해 보입니다.

둘째로는 토지주택공사가 공공 임대 주택 공급을 독점하다시피 하는 구조입니다. 현재까지 전체의 약 70%를 토지주택공사가 담당했는데, 사업의 다각화와 균형 발전을 위해서도 지자체에 의한 공공 임대 주택 공급이 필요해 보입니다.

셋째로 저소득층 주거 안정 정책의 다양화입니다. 우리나라는 그동안 공공 임대 주택의 건설에만 주력했는데, 이러한 물리적 공급 외에 또 하나의 대안이라 할 수 있는 주거비 보조, 즉 주택 바우처 제도가 미비합니다. 지금도 기초 생활 보장 제도의 하나로 최저 생계비에 최저 주거비를 포함하여 지급하고 있긴 합니다. 그러나 이 돈을 생활비로 쓰는 경우가 많습니다. 주거비를 분리하여 별도로 지급하거나 아예 집주인에게 주는 방안이 필요합니다.

현재 서울시는 차상위 계층의 주거비를 지원하기 위해 '서울형 주택 바우처' 사업을 시행하고 있습니다. 이러한 제도들이 확대할 필요가 있습니다. 공공 임대 주택 비율이 전체 주택 가운데 1%에 불과하고 대신 주거비 보조를 시행하는 미국 사례를 참고할 만합니다. 주거비 보조 제도는 공공 임대 주택과 서로 보완적인 관계입니다. 우리나라는 그동안 많은 공공 임대 주택을 지었습니다. 오늘날 땅값도 오르고 부지를 확보하기 어려운 상황에서 주거비 보조를 대안으로 생각해 볼 차례입니다.

넷째로 우리나라의 공공 임대 주택의 임대료는 주거 유형에 맞추어 책정되고 있습니다. 이를테면 영구 임대 주택은 얼마, 국민 임대 주택은 얼마, 행복주택은 얼마 하는 식입니다. 이를 전면 개편하여 프랑스처럼 소득 수준에 맞게 임대료를 책정하는 방법을 생각해 볼 때입니다. 임대료를 주택에 맞추는 것이 아니라 사람에게 맞추는 것이 더 바람직해 보입니다. 현재 국민 임대 주택에서 임대료를 소득 수준에 따라 차등 부과하는 정책이 시범적으로 실시되고 있는데, 이를 확대할 필요가 있습니다.

다섯째로 우리나라는 민간 임대 주택에 대한 규제가 미비한 편입니다. 요즘은 나아졌다고는 해도 여전히 집주인이 '갑'이고 세입자가 '을'인 것이 현실입니다. 국민의 절반이 쫓

겨날 걱정 없이 민간 임대 주택에 세 들어 사는 독일의 사례에서 볼 수 있듯이 적극적인 국가의 개입이 필요합니다. 현재 우리나라 전세 세입자는 2년 후에 한 번 계약을 자동으로 연장할 수 있는데, 주거권을 보장하려면 그 기간을 늘려야 합니다.

끝으로 우리나라 임대 주택은 크게 공공 임대와 민간 임대로 양분되어 있습니다. 여기서 조합이나 비영리 공공 기관 같은 제3의 주체도 고려해야 합니다. '조합 주택'이라는 말 자체가 생소할 정도로 이 분야는 백지상태에 가깝습니다. 앞서 1980년대 영국 대처 정부가 공공 임대 주택을 민영화하면서 사기업이 아닌 비영리 공공 기관인 주택 조합에 매각했다고 했습니다. 실제 유럽에서는 주택 조합이 임대 주택 운영에서 큰 역할을 합니다. 우리나라도 이러한 제도의 도입이 필요한 시점입니다. 이어서 조합 주택에 대해 좀 더 자세히 알아보겠습니다.

5

유럽 조합 주택의
역사

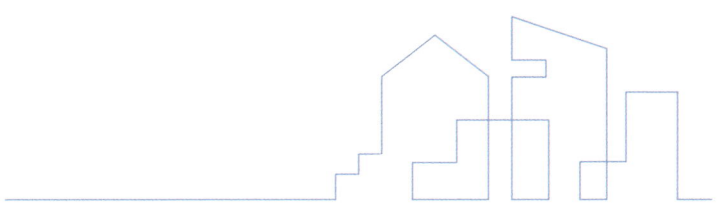

이상적인 사회로 동양에 '무릉도원'이 있다면 유럽에는 '유토피아'가 있습니다. 유토피아는 16세기 영국의 토머스 모어가 쓴 소설의 제목으로, 현실에서는 존재하지 않는 이상적인 공동체 사회를 말합니다. 대개 사회적으로 어려운 혼란기에 이러한 이상적인 공동체를 갈망하곤 합니다. 19세기 유럽도 그러했고, 이러한 상상 속 이상향을 현실로 재현하려는 움직임이 있었습니다. 그중에는 뜻이 맞는 사람들이 한데 모여 조합을 결성하여 짓는 조합 주택도 있었습니다.

산업 혁명 이후 열악해진 노동자 주거 환경

19세기에 들어 유럽 사회는 크게 변했습니다. 두 가지 큰 혁명이 비슷한 시기에 일어났기 때문입니다. 우선 1789년 프랑스에서 왕정이 종식되고 왕과 왕비가 시민들의 손에 의해 처형되는 정치적 혁명이 일어났습니다. 프랑스 대혁명은 18세기 말에 일어난 사건이었지만, 19세기 내내 유럽 사회에 큰 영향을 끼쳤습니다. 국민의 삶을 외면한 채 사치와 향락에 빠진 왕실과 무리한 세금 징수가 결국 왕정 종식과 왕의 처형으로까지 이어질 수 있다는 사실은 큰 충격이었습니다. 이후 유럽 각국의 왕실은 이런 일이 자기 나라에서도 일어나지 않을까 염려해야 했습니다.

아울러 19세기 영국에서는 산업 혁명이 일어나 대규모 공장이 생겼습니다. 그전까지 사람들은 대개 시골에서 농사를 짓고 살았는데, 공장이 생기자 사람들이 일자리를 찾아 도시로 몰리면서 대규모 노동자 계층이 등장했습니다. 이들은 노동력을 팔아 생활하는 임금 노동자라는 새로운 계층을 형성했습니다.

이들은 생활 방식이 달랐습니다. 농민은 시골의 넓은 땅에서 살면서 특별히 집 걱정은 없습니다. 초라하긴 해도 농지

한편에 집을 지어 살면 되니까요. 하지만 노동자는 공장 주변에 모여 살기 때문에 살 집도 이를 지을 땅도 부족했습니다. 게다가 당시 공장은 전기를 수력 발전에 의존했기 때문에 강가에 지었고, 주변에 기반 시설이 없어 노동자들은 큰 불편을 겪었습니다.

노동자들은 한데 모여 일하고 이해관계가 비슷하여 단결하기가 쉽습니다. 열악한 생활 환경으로 불만이 쌓인 대규모 노동자 계층은 커다란 사회적 갈등 요소였습니다. 누구든 이 문제를 해결해야 했습니다. 이런 상황에서 19세기 유럽에 사회주의가 등장하기 시작했습니다. 사회주의란 산업 혁명과 대규모 공업화로 발생한 자본주의의 모순을 해소하고, 모든 사람이 평등하고 조화를 이루는 사회를 실현하려는 사상과 그 운동을 말합니다. 이를 따르는 사회주의자들은 공장 노동자들의 주거 문제를 해결하려고 했습니다. 대표적인 사람이 이상적 사회주의자였던 샤를 푸리에였습니다.

샤를 푸리에가 꿈꾼 이상적인 공동체

19세기 프랑스 철학자 샤를 푸리에는 이상적인 공동체 주거인 '팔랑스테르(phalanstère)'를 주창했습니다. 집단을 의미하는 팔랑주(phalange)와 수도원을 의미하는 모나스테르(monastère)의 합성어인 팔랑스테르는 말 그대로 공동 주거라는 뜻입니다. 푸리에는 노동자들이 저마다 단독 주택을 짓고 사는 대신, 아파트 혹은 수도원 같은 공동 주택에 살면서 커다란 정원은 물론 어린이 유치원, 도서관, 극장, 카페, 식당과 같은 다양한 부대 시설을 함께 사용하자고 주장했습니다.

그의 설계에 따르면 대략 1500~1600명 정도의 사람이 살 수 있는 거대한 공동 주택을 3층 높이로 짓습니다. 공동 주택 건물은 모두 세 동으로 이루어졌으며 동마다 500여 명이 거주합니다. 그런데 여기에는 공동 주택, 즉 아파트만 있는 것이 아닙니다. 각 구성원이 농업, 수공업, 제조업에 종사할 수 있는 작업장도 함께 있었습니다.

샤를 푸리에를 비롯한 당시의 사회주의자들은 자본주의의 모순과 폐해의 원인을 소외된 노동에서 찾았습니다. 자본을 가진 부유한 사람은 공장을 세워 수백, 수천 명을 노동자로 고용합니다. 그리고 하루에 12~16시간씩 일을 시킵니다. 그렇게 생산한 상품을 시장에 내다 팔아 큰돈을 법니다. 노동자는 굶어 죽지 않을 정도의 아주 적은 임금만을 받았습니다. 그들이 열심히 일해도 가난에서 벗어날 수 없는 반면 자본가

내 집이 꼭 있어야 할까?

프랑스의 철학자 샤를 푸리에.

팔랑스테르의 모습.

인 공장주들은 계속 돈을 벌었습니다. 이것이 바로 자본주의 사회 문제의 핵심이라고 보았습니다.

그들은 이러한 폐해를 극복하고자 함께 일하고 그 이윤 역시 함께 나누는 공동 생산, 공동 분배를 제안했습니다. 팔랑스테르 안에 농장, 제조 공방, 생산 공장을 함께 지은 것도 이러한 이유 때문입니다. 이들은 일한 대가로 각자 임금을 받는 대신 공동 분배를 통해 이윤을 나누게 됩니다. 이렇게 공동 생산, 공동 분배를 하려면 당연히 공동 주택에서 공동생활을 해야겠지요. 이를 실현하고자 하는 시도가 바로 팔랑스테르였습니다. 이곳에는 진정한 공동생활을 실현하기 위해 학교와 유치원 및 탁아 시설은 물론, 도서관, 극장, 카페 등의 여가 시설도 함께 마련되어 있었습니다.

고댕의 대규모 사택 프로젝트

19세기에 새로이 등장한 계층인 노동자를 위한 새로운 개념의 공동 주거, 즉 팔랑스테르는 종이 위에 그려진 이상적인 계획안이었습니다. 이를 실현하려고 한 사람은 바로 프랑스의 공장주였던 장 고댕(Jean Godin)이었습니다. 19세기 초 서민 가정에서 태어난 고댕은 열쇠공으로 일하면서 노동자의 궁핍한 삶을 몸소 체험합니다. 그리고 20대 중반 철제 난로를 만드는 공장을 설립하여 큰 성공을 거둡니다. 1846년 직원 30여 명과 함께 시작했던 공장이 1880년에는 1500명 규모의 거대한 공장으로 성장했으니까요.

젊은 시절 노동자의 삶을 체험했던 고댕은 1856~82년 사이에 파밀리스테르(Familistère)라고 하는 대규모 주거 단지를 조성합니다. 주택 700채 규모였으니 고댕의 공장에서 근무하는 직원의 상당수가 그곳에서 살 수 있었을 것입니다. 파밀리스테르는 '가족 공동체' 정도로 번역할 수 있는데, 이름조차 비슷한 푸리에의 팔랑스테르에서 큰 영향을 받았습니다. 주거동은 중앙에 하나, 측면에 2개가 지어졌고 각각 중정을 두고 커다란 유리 지붕을 덮었습니다. 이곳에서 노동자들이 서로 만나고 어울리면서 활발한 사교 생활을 하기를 원했기 때문입니다. 주거동 옆에는 자녀를 위한 초등학교, 900석 규모의 대형 극장, 공동 세탁실, 도서관, 어린이집과 탁아소 및 각종 상점이 있었습니다.

한편 푸리에의 이상이었던 공동 생산, 공동 분배의 원칙을 살려 수익 공유 시스템도 마련했습니다. 요즘 시각으로 보면 회사 주택과 비슷하지만, 집 없는 서민의 주거 문제를 기업에

장 고댕이 조성한 파밀리스테르.

서 해결하려 했다는 점에서 특별한 의미가 있습니다. 고댕의 파밀리스테르는 훌륭한 선례가 되어 훗날 박애주의자, 의식 있는 공장주들이 비슷한 회사 주택을 짓기도 했습니다.

19세기에 공장주들이 회사 주택을 지은 데는 안정적인 노동력 확보라는 목적도 있었습니다. 회사 주택이나 기숙사는 매매나 분양이 안 되고 관리비를 내고 거주한다는 점에서 공공 임대 주택과 비슷합니다. 국가나 공기업이 아니라 사기업이 공급 주체였지만 그 형태는 매우 비슷했습니다.

세계 최고를 자랑하는 스웨덴의 조합 주택

일반적으로 임대 주택은 공급 주체에 따라 크게 세 가지로 나누어 볼 수 있습니다. 첫 번째가 개인 기업이 하는 민간 임대, 두 번째가 국가나 지자체가 하는 공공 임대, 세 번째는 비영리 사회단체나 조합이 주체가 되어 건설, 관리하는 조합 주택입니다.

조합 주택은 시대 변화의 산물입니다. 산업 혁명으로 인한 급격한 도시화는 노동자 주거 문제를 발생시켰으며 민간 임대와 국가의 주택 공급은 이를 해결하지 못했습니다. 이에 조합 주택이 대안으로 떠오른 것입니다. 최초의 협동조합 주택은 19세기 중반 독일 베를린에서 시작되어 이후 전 유럽으로 퍼져 나갔습니다. 오늘날 독일의 협동조합 주택 비율은 5% 정도입니다.

스웨덴은 2024년 기준으로 조합 주택 비율이 16%입니다. 노르웨이가 13%, 오스트리아 10%, 덴마크 7% 입니다. 스웨덴의 자가 거주 비율은 50%로 유럽 평균에 비하면 낮은 편입니다. 대신 조합 주택에 거주하는 비율이 16%, 민간 임대 주택에 거주하는 비율이 17%, 공공 임대 주택에 거주하는 비율이 16%로 균형을 이루고 있습니다. 시민들은 공공 임대이든 민간 임대이든 조합 주택이든 거주지와 상관없이 소득 수준에 따라 정부의 주거비 보조를 받습니다.

세계 최고를 자랑하는 스웨덴의 협동조합 주택은 1923년 '임차인 저축 및 건축 협회'의 설립으로 시작되었습니다. 이는 말 그대로 세 들어 사는 임차인들이 돈을 모아 살 집을 짓는 모임으로 '주택 저축'을 통해 회원을 모집하는 소비자 협동조합이었습니다. 매달 일정 금액 이상을 내는 적금에 가입하면 협동조합 주택의 입주권을 가질 수 있습니다. 입주자는 그동안 저축한 금액에 비례해 남은 집값을 매달 임대료로 냅니다. 집값을 장기간 저축으로 선납하고 잔금을 월 임대료로

내는 방식입니다. 집이 없는 사람들이 돈을 모아 집을 짓는
다는 점이 바로 조합 주택의 핵심입니다. 우리나라에서는 아
직 걸음마 단계이지만 앞으로 활성화되어야 할 것으로 보입
니다.

6

거주지 분리 사례가
주는 교훈

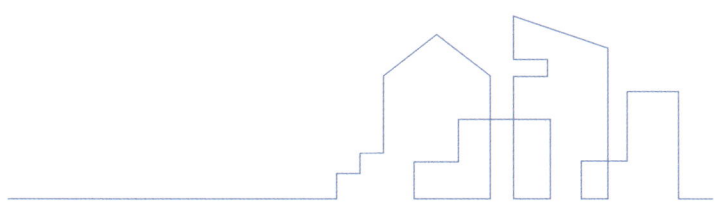

　파리 외곽에 있는 신도시 마른 라 발레(Marne la Vallée)에 있는 공공 임대 주택 단지인 아브락사스 집합 주택(Les Espaces d'Abraxas)은 아주 멋지게 생겼습니다. 18세기 베르사유 궁전에서 영감을 받아 지어졌으니까요. 설계자인 스페인 건축가 리카르도 보필(Ricardo Bofill)은 이곳을 지은 목적을 "서민에게 베르사유 궁전을 제공하자"로 세웠습니다. 그렇다면 이곳에 사는 사람들은 정말 왕과 귀족처럼 행복했을까요?

"서민에게 베르사유 궁전을"

프랑스는 1970년대 파리 외곽에 5개의 신도시를 조성하고 대규모 공공 임대 주택 단지를 건설했다고 앞서 이야기했습니다. 그중에는 건축적으로 매우 우수한 사례가 많았습니다. 1983년 완공되어 674세대의 아파트가 있는 아브락사스 집합 주택도 그중 하나로 건축 교재에 빠짐없이 등장하곤 합니다.

리카르도 보필은 귀족의 성이나 왕궁 같은 이미지로 공동 주택 설계를 하는 것으로 유명한 건축가입니다. 그의 설계 취지는 일반 대중이나 서민도 왕족과 귀족이 누리던 고급 건축 문화를 향유할 수 있어야 한다는 것이었습니다. 그는 이 개념을 매우 직설적이고 솔직한 건축 형태로 표현하여, 베르사유 궁전의 몇몇 이미지를 빌렸습니다. 단지 중앙에는 개선문 형태를 모방한 아파트도 있었고 '테아트르(Théâtre, 프랑스어로 극장이라는 뜻)'라고 불리는 고대 그리스의 원형 극장을 닮은 넓은 안마당도 있었습니다. 그야말로 고대 신전과 극장, 바로크 시대의 궁전 건축이 현대에 되살아난 느낌을 줍니다.

또 다른 신도시였던 세르지-퐁투아즈(Cergy-Pontoise)에 있는 벨베데레 생 크리스토프(Belvédère Saint Christophe) 집

아브락사스 집합 주택의 모습.

합 주택도 비슷한 형식으로 지어졌습니다. 이는 380세대의 공공 임대 주택인데 영국 바로크 시대의 화려한 중산층 주거 양식입니다. 모두 1980년대에 지어진 건물들로서 바로크 양식이 200년 세월을 넘어 20세기 후반에 부활한 셈입니다. 건축계에서는 시대착오적이라는 비판도 있지만, "서민에게도 귀족의 건축 문화를 누리게 하겠다"는 보필의 의지만은 명확히 드러나 있습니다.

문제는 그곳의 입지였습니다. 파리 외곽 동떨어진 곳에 대규모로 지어진 공공 임대 주택 단지는 사회적 계층 분리를 유발했습니다. 부유한 사람들은 부유한 사람들끼리, 가난한 사람들은 가난한 사람들끼리 나뉘어 살게 된 것입니다. 아무리 베르사유 궁전을 모방해 지었다 한들, 극단적인 계층 분리가 부정적인 사회적 인식을 만들고 나아가 슬럼화로 이어진다는 한계를 막을 수는 없었습니다.

아브락사스 단지 인근에는 아렌 드 피카소(Arènes de Picasso) 단지도 있습니다. 1980년대 중반에 지어진 공공 임대 주택 단지로, 고대 로마 시대의 원형 경기장과 전차 바퀴 모양을 본떠 원형으로 지어졌습니다. 그런데 이곳에는 주로 아프리카계 이민자들이 많이 살았어요. 이들은 백인들의 환영을 받지 못했습니다.

흔히 흑백 갈등을 미국 사회의 문제로 여기지만, 프랑스도 마찬가지였습니다. 제2차 세계 대전 후 일할 사람이 없자 북아프리카 사람들의 이민을 받았는데 그러면서 여러 문제가 생겼습니다. 이민자들은 프랑스 사회에 완전히 동화되지 못했습니다. 문화와 종교적 전통이 다르기 때문이에요. 지금도 아프리카 전통 의상이나 이슬람 베일을 쓰고 다니는 경우가 많습니다. 그래서 가톨릭 신자가 많은 프랑스 백인들과는 뚜렷이 구분됩니다.

일반적으로 계층별 주거 분리보다 인종별 주거 분리가 더 심각한 문제 요인이 됩니다. 예를 들어 보겠습니다. 여기 프랑스계 백인 서민들이 사는 공공 임대 주택 단지가 있습니다. 그런데 어느 날부터 아프리카계 이주민이 들어오기 시작합니다. 처음에는 극소수였기 때문에 백인들은 대수롭지 않게 여겼습니다. 그러다 아프리카계 사람들이 늘어나면서 어딘가 모르게 불편함을 느낍니다.

이들은 피부색도 다르고 말도 다릅니다. 아프리카 전통 의상을 입은 이들이 몰려다니는 모습을 보면 이곳이 과연 프랑스인지 아프리카인지 헷갈릴 정도입니다. 알아들을 수 없는 언어와 낯선 음식 냄새에 반감이 깊어집니다. 혹시 범죄를 저지르지 않을까 싶어 공연한 불안감도 생깁니다. 결국 백인 거주자는 이사를 결심합니다. 빈집이 하나둘 늘어나고 그 자리를 아프리카계 이민자들이 채우면서 이곳은 거대한 아프리카계 이주자들의 주거 단지가 되다시피 합니다.

이처럼 유색 인종 거주자 비율이 높아지면서 기존 백인들 거주자가 떠나는 현상을 화이트 플라이트(White flight), 즉 백인 이탈 현상이라고 말합니다. 오늘날에는 주로 미국 도시에서 발생하는 현상인데, 이와 비슷한 일이 당시 파리 교외의 공공 임대 주택 단지에서 일어난 것입니다. 결국 아렌 드 피카소 단지는 거대한 아프리카 마을이 되어 갔습니다. 당시 아프리카계 주민들은 교육 수준이 높지 못했습니다. 기본적인 생활 질서도 잘 지키지 않았고 실업률이 높았습니다. 게다가 소소한 범죄가 계속 일어났습니다.

유색인들에 대한 반감과 차별이 깊어지면서 거주자들의 불만도 쌓였어요. 그러다가 2005년 파리 외곽 공공 임대 주택 단지에 사는 아프리카계 청소년 두 명이 경찰을 피해 도망치다가 변전소에서 감전사하는 사건이 발생했습니다. 이는 그동안 쌓인 갈등에 도화선을 당긴 것이나 다름없었습니다. 격렬한 항의 시위 끝에 폭동이 일어나 자동차에 불을 지르는 일까지 발생했습니다. 인종별 주거 분리가 결국은 심각한 문제로 변한 거예요.

아프리카계 청소년들의 사망에 분노한 시민들이 벌인 시위에서 자동차에 불이 난 모습(2005년 11월).

건축적으로만 따지자면 앞에 소개된 공공 임대 주택 단지는 더할 나위 없이 좋았습니다. 문제는 다른 곳에 있었어요. 교외에 대단지로 지어진 임대 주택은 계층별 주거 분리를 낳았고 인종별 주거 분리로 이어지면서 슬럼화됩니다. 거주자는 '흑인 아프리카계 출신의 가난한 빈민들'이라는 낙인이 찍히면서 잠재적 범죄자 취급을 받아요.

미국 프루이트-아이고 단지의 인종 분리

철거된 미국의 프루이트-아이고(Pruitt-Igoe) 단지도 같은 과정을 겪었습니다. 백인들이 교외로 빠져나가면서 가난한 흑인들만 남았어요.

1950년대 조성된 프루이트-아이고는 23만 제곱미터 부지에 2700호의 아파트 33동을 지어 1만 5000명을 수용할 수 있게 했습니다. 각 동은 11층 높이에 복도식으로 지어졌어요. 엘리베이터 시스템은 조금 독특해서 1, 4, 7, 10층에만 섰습니다. 다른 층 사람들은 가까운 데서 내려 계단과 복도를 이용했습니다. 엘리베이터가 서는 층에는 공용 세탁실과 창고를 두어 사람들이 모여 소통하는 일종의 커뮤니티 광장 역

내 집이 꼭 있어야 할까?

할을 하도록 했습니다. 하지만 현실은 기대와 달랐어요. 백인들은 유색인들과 어울려 지내는 대신 분리를 선택합니다.

프루이트-아이고 단지는 예산 부족으로 애초에 의도한 데로 지어지지 못했습니다. 유치원, 어린이집, 놀이터, 공중목욕탕 등 부대 시설이 들어서지 못하고 값싼 자재 사용으로 문짝이나 손잡이 고장도 잦았습니다. 당연히 시민들 인식이 좋지 않았던 데다가 애초부터 흑백 차별 문제를 안고 있었어요.

단지는 크게 둘로 나뉘었습니다. 프루이트 구역에는 흑인이, 아이고 구역에는 백인이 거주하도록 했어요. 지금 시각으로 보면 이해할 수 없는 일이지만, 1950년대만 해도 미국 사회는 흑백 분리가 관행처럼 유지되고 있었습니다. 그런데 미국 대법원에서 이렇게 나누는 것을 인권 침해로 판결하면서 프루이트-아이고 단지도 흑인과 백인이 골고루 섞여 살게 되었습니다. 그러자 백인들이 이사를 나가기 시작해요. 말 그대로 백인 이탈 현상이 일어나면서 점차 흑인들이 사는 마을이 되어 갔습니다.

빈집도 늘었어요. 지은 지 10년 정도가 지난 1965년에는 전체 가구의 28%가 비었습니다. 당연히 주민이 내는 관리비도 줄어듭니다. 필요한 재원의 70% 수준에 그치면서 건물의 유지 보수와 관리가 어려워집니다. 복도에 전구가 나가거나

슬럼화된 프루이트-아이고의 내부 모습.

엘리베이터가 고장 나도 당장 고치기가 어렵게 되었습니다. 방에 물이 새거나 배관이 고장 나도 방치되면서 아파트 단지는 점점 거대한 슬럼 지역으로 바뀝니다.

당시 흑인들은 미국 사회의 차별로 소외감과 좌절감을 느끼고 있었습니다. 열악한 거주 환경은 이런 불만을 부채질했어요. 창고에 보관 중이던 물건은 도둑맞기 일쑤였고 소통 장소로 만들어진 엘리베이터홀은 불량 청소년들에게 점령당했습니다. 복도는 낙서와 쓰레기로 어지럽혀졌어요. 이렇게 되자 흑인들도 떠나기 시작했습니다. 1970년이 되면 절반이 넘는 65%가 빈집이 돼요. 노숙자나 범죄 집단, 불량 청소년이 빈자리를 채우면서 상황은 더욱 악화됩니다. 결국엔 단지 전체가 거대한 범죄 소굴처럼 되어 버려요.

참고로 프루이트-아이고 단지를 설계한 사람은 일본계 미국인 건축가인 미노루 야마사키였습니다. 9·11 테러 때 파괴된 뉴욕의 월드 트레이드 센터도 그의 작품입니다. 대형 건물은 한번 세워지면 오랫동안 그 자리에 서 있게 마련인데, 두 곳 모두 철거 해체되었으니, 미노루 야마사키는 세상에서 가장 불운한 건축가로 꼽힐지도 모를 일입니다.

프랑스와 미국의 대규모 공공 임대 주택 실패 사례는 아무리 잘 지은 건축물이라도 계층별 주거 분리를 유도한다면 결국 큰 사회 문제를 일으킬 수 있다는 사실을 잘 보여 줍니다.

주거 갈등과 사회적 낙인의 문제

최근 프랑스에서는 아프리카계 외국인의 비율을 조절하려는 움직임이 있습니다. 예를 들어 전체 가구 수 중 아프리카계 비율을 10% 이하로 낮추기 위해 선정 기준을 따로 두는 방식입니다. 문제는 장벽이 높아지면서 여기서 배제되는 사람이 생긴다는 점입니다. 아프리카계 외국인이라는 이유로 탈락한 사람들은 과연 어디로 가야 할까요? 이런 문제가 우리나라에서도 벌어진다면 어떻게 해야 할까요?

현재 우리나라도 전체 인구 중에서 외국인 비율이 5%를 차지하는 등 다문화 사회로 접어들고 있습니다. 출생률 저하로 일할 사람이 줄면서 이주 노동자들이 유입되고 있어요. 앞서 살펴본 사례가 먼 나라 일만은 아니라는 뜻입니다.

현재 한국의 외국인 노동자는 단기 체류자가 많고 대개 공장이 많은 산업 단지 인근에서 삽니다. 만약 법이 바뀌어 이들이 오랫동안 한국에 살 수 있게 되면 주거 문제가 생길 가능성이 있어요.

이들을 피해 기존 입주민이 떠나는 코리안 플라이트, 즉 한국인 이탈 현상이 일어난다면 어떻게 될까요? 경제적 여력이 있는 가정이 빠져나간 자리에 노인, 장애인, 저소득층 가정만 남거나, 그 자리를 이주 노동자들이 채우지 않을까요? 그랬을 때 앞서 살펴본 미국과 프랑스 사례와 같은 일이 생기지 않는다고 장담할 수 있을까요?

아직 우리나라에서는 인종별 주거 분리 같은 문제는 일어나지 않고 있습니다. 그러나 우리나라도 복지 국가가 되어감에 따라 임대 주택이 늘고 외국인도 늘어날 것입니다. 10년, 20년 후의 일을 대비하려면 지금부터 대책을 마련해야 합니다.

7

소셜 믹스

- 소통과 조화로 가는 길

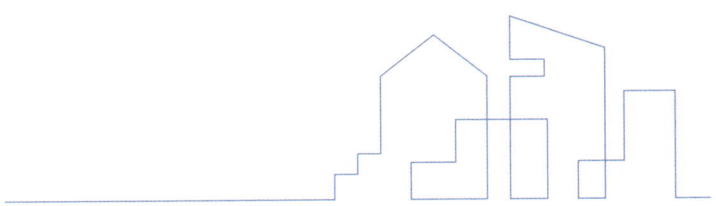

　중학생인 영희의 집은 '행복마을'이라고 하는 공공 임대 주택 단지입니다. 서울에서 멀리 떨어져 경기도 남부에 자리 잡은 이곳은 4000세대가량이 사는, 정말 마을이라고 부를 만한 큰 규모입니다. 형편이 어려운 사람들이 모여 살았지만 분리는 없습니다. 임대료도 저렴하고 주변 시설도 잘되어 있어 사는 데 불편함이 없습니다. 대규모 단지인 만큼 학교도 있습니다. 영희 친구들 대부분 행복마을에 사는 아이들입니다. 동네 친구가 곧 학교 친구였기에 온종일 어울려 다닙니다.

임대 주택을 떠나지 못하는 사람들

행복마을에는 학교는 물론 공원 같은 녹지 공간과 수영장, 테니스장, 헬스장, 축구장, 농구 코트 등 체육 시설이 갖추어져 있습니다. 생활용품을 구할 가게와 쇼핑몰도 가까워 주민들은 단지 밖을 벗어날 필요가 없습니다.

여기까지만 보면 아무런 문제가 없어 보입니다. 잘 지어진 공공 임대 주택 단지의 전형이니까요. 하지만 여기에는 한 가지 문제가 숨어 있습니다. 바로 계층 고착, 즉 가난의 대물림입니다.

한 세대가 지나고 영희가 어른이 되었을 때 상황을 보겠습니다. 행복마을 아이들은 학원에 가지 않았습니다. 부모들 소득이 적다 보니 학원비를 마련할 여유가 없어요. 학원 가는 아이가 없다 보니 주변에 아예 학원이 없었습니다. 대신 어른들이 가는 값싼 술집과 식당들이 많습니다. 임대 주택에 사는 사람들은 안정된 일자리를 가지지 못한 이들이었습니다. 장사를 하거나 막일꾼으로 일했어요.

어느덧 시간이 흘러 영희도 대학에 갈 나이가 되었습니다. 하지만 다른 동네 아이들처럼 부모의 지원을 받지 못하고 입시 학원도 다니지 않은 상황에서 원하는 대학에 가기란 어려웠습니다. 행복마을에 사는 아이들은 사정이 모두 비슷했어요.

영희는 점수에 맞춰 대학에 진학합니다. 적성에도 잘 맞지 않은 학과를 선택한 탓에 대학 생활은 그다지 재미가 없었습니다. 다른 데 사는 아이들처럼 스펙 쌓기도 어려웠습니다. 막일꾼을 하는 영희의 아버지와 식당에서 일하는 어머니는 무척 바빴습니다. 영희에게 미래를 위한 적절한 조언을 해 주기가 어려웠어요.

대학을 졸업한 영희는 전공을 살리지 못한 채 급한 대로 식당과 카페에서 아르바이트를 해 보았지만 그것도 몇 년을 하다가 그만둘 수밖에 없었습니다. 매일 똑같은 일을 하면서 최저 임금만을 받았기 때문입니다. 대학에 가지 않은 사람들과 비교해 보아도 별반 다를 바가 없는 수준이었습니다. 임대 주택에 사는 다른 친구들도 사정이 비슷했습니다. 고등학교 졸업 후 변변한 직업도 없이 부모 집에서 살았어요.

영희는 독립할 나이가 되었지만 망설일 수밖에 없었습니다. 민간 주택의 임대료는 월세나 전세를 가리지 않고 너무 비쌌습니다. 공공 임대 주택에서 살아온 영희로서는 엄두가 나지 않았어요. 부모님 형편도 별반 나아지지 않았습니다.

결국 서른 살을 넘겨 결혼한 영희는 남편과 함께 행복마을에서 살게 됩니다. 대를 이어 임대 주택 거주자가 된 것입니다. 큰 불만은 없습니다. 영희는 이곳에서 아이를 키우며 이웃들과 친해지면서 그들도 이곳 공공 임대 주택 출신이라는 사실을 알게 됩니다. 그러자 문득 불안해집니다. 내 아이도 이곳을 떠나지 못하는 게 아닐까, 하고요.

가상의 사례이긴 하지만 1960~70년대 프랑스에서 실제로 일어난 일입니다. 당시만 해도 저소득층에게 시설 좋은 공공 주택 단지를 제공해 저렴한 임대료를 내고 살게 하면 모든 것이 해결될 줄 알았습니다. 그런데 20~30년 정도의 오랜 시간이 흐른 뒤에 보니 빈곤 상황이 개선되기는커녕 후대까지 이어져 계속 임대 주택에 사는 일이 생겼습니다.

이런 현상은 1960~70년대 프랑스, 유럽, 미국 등에서 큰 사회 문제가 되었고 소셜 믹스, 즉 사회적 계층 혼합이 거주 정책의 목표로 떠올랐습니다. 앞서 가난한 사람들과 부유한 사람들이 끼리끼리 모여 사는 것을 계층별 주거 분리라고 했습니다. '소셜 믹스'란 부유한 사람들과 빈곤한 사람들을 한데 섞는 사회적 계층 혼합을 말합니다. 그럼 어떻게 해야 바람직한 소셜 믹스가 일어날 수 있을까요?

사회적 계층 혼합을 위한 대안

유럽에서는 1980~90년대부터 소셜 믹스가 논의되기 시작했습니다. 우리나라는 2005년 '임대 주택 정책 개편 방안'에서 처음 제시되었고 이즈음부터 소셜 믹스 아파트들이 지어졌습니다. 다시 말해 공공 임대 아파트와 분양 아파트가 한데 모인 혼합 단지가 들어선 거예요. 그런데 여기에도 예상치 못한 문제가 숨어 있었습니다.

소셜 믹스는 한 단지 안에 별도의 동으로 나누어 짓는 분리형과 하나의 건물 안에 임대와 분양을 함께 짓는 혼합형으로 크게 나누어 볼 수 있습니다. 한 단지 안에 임대 아파트와 분양 아파트를 함께 짓되 동만 다른 분리형의 경우, 좋은 자리는 분양 아파트가 차지하고 임대 아파트는 구석에 배치하는 일이 일어났습니다. 건설사가 분양 아파트의 상품성을 높여 수익을 내려고 했기 때문입니다.

이러한 차별은 입지에 머물지 않았습니다. 임대 아파트 주민은 후문을 사용하라거나 주차장 이용을 제한했고, 심지어 임대 아파트와 분양 아파트 사이에 가림벽이나 철책을 설치하는 일이 벌어졌습니다. 한 건물 안에 임대와 분양을 섞는 혼합형도 갈등이 생기기는 마찬가지였습니다. 오히려 따로

분양 아파트에서 임대 아파트 주민들이 출입을 못 하도록 설치한
철책의 모습.

떨어진 분리형보다 심하다는 조사 결과도 있었습니다. 임대 주거인 중에서도 함께 살면서 스트레스를 받으니 어느 정도 분리해 주기를 원하는 이가 있을 정도입니다.

따라서 분리형이든 혼합형이든 단순한 물리적, 기계적 혼합은 사실상 실패라고 볼 수 있습니다. 인간은 본래 타인이나 서로 다른 계층과 거리를 두려고 하기 때문입니다. 이를 감안하여 보다 세심한 방식을 적용해야 해요. 다음 네 가지 방법을 참고할 수 있습니다. 바로 대단지 대신 도심에 소규모로 분산 배치하기, 중산층에게도 공공 임대 주택을 공급하기, 퇴거 기준 완화하기, 주거비 보조 등입니다. 차례로 살펴보겠습니다.

① 소규모 단지의 도심 분산 배치

프랑스는 파리 외곽에 대규모 공공 임대 주택을 지었다가 실패한 후 도심에 소규모로 분산 배치했습니다. 이를 통해 계층별 주거 분리를 막고 경제적 조건과 관계없이 서로 섞여 살 수 있도록 유도한 것입니다. 프랑스뿐만 아니라 여러 유럽 나라에서 이러한 모델로 정책을 시행하고 있습니다. 우리나라도 이를 참고해 과거와 달리 소규모 임대 주택을 분산 배치하고 있습니다.

② 중산층 대상 공공 임대 주택 공급

우리나라에서 공공 임대 주택은 서민층, 저소득층이 사는 장소라는 인식이 강합니다. 그래서 여유가 있는 사람들은 애초에 접근을 안 해요. 하지만 복지 국가의 완성 및 공공 임대 주택의 질적 성숙을 위해서라도 중산층을 배제하면 안 됩니다. 방법은 간단합니다. 중산층도 입주할 수 있도록 그 기준을 완화하는 거예요.

예를 들어 A와 B, 2개의 공공 임대 주택 단지가 있다고 가정하겠습니다. 두 곳 모두 500세대이며, 아파트의 면적이나 단지 구성은 같습니다. 차이는 입주 자격입니다. A 단지는 소득 하위 20%의 주민만이 들어갈 수 있는데 B 단지는 소득 하위 80%까지 입주 자격이 주어집니다. 다시 말해 A 단지는 저소득층만 가능하고 B 단지는 중산층도 들어가 살 수 있어요. 이러면 사람들 인식이 어떻게 달라질까요?

B 단지는 '공공 임대 주택 입주자=저소득층'이라는 등식이 적용되지 않습니다. 당연히 낙인 효과가 사라져요. B 단지에 산다는 사실이 부끄럽거나 숨길 일이 되지 않습니다. 사람들이 편하게 어울리면서 저절로 소셜 믹스가 이루어집니다. 반면 A 단지는 계층이 분리되어 버리지요. 이것이 바로 중산층에게도 공공 임대 주택을 제공해야 하는 이유입니다.

③ 입주 기준 완화

현재 공공 임대 주택은 저소득층의 주거 안정을 목표로 하기에 월 소득이 일정 금액 이하여야 입주가 가능합니다. 사는 동안에도 그 기준을 넘어서면 나가야 해요. 언뜻 합리적인 듯하지만 여기에는 맹점이 있습니다. 예를 들어 설명하겠습니다.

철수가 사는 공공 임대 주택의 입주자 소득 기준은 월 200만 원입니다. 철수 아버지의 한 달 소득은 198만 원입니다. 그런데 어느 날부터 소득이 늘어 월 204만 원이 되었어요. 철수네 가족은 어쩔 수 없이 공공 임대 주택에서 나가야 했습니다. 다른 곳에 집을 구해야 하는데, 월세가 너무 비싸요. 월 소득이 고작 6만 원이 늘었을 뿐인데, 그 결과로 감당해야 할 월세는 지금의 2~3배가 되었습니다. 열심히 일해서 돈을 더 벌면 더 가난해지는 모순이 생긴 거예요.

이런 일을 막으려면 퇴거 기준을 완화할 필요가 있습니다. 기준을 초과하는 월 소득이 발생했다고 바로 퇴거 조치하는 대신 임대료를 좀 더 내더라도 계속 살 수 있게 해야 해요. 그래야 일하고 싶은 마음이 생깁니다. 안 그러면 덜 일하고 덜 버는 쪽을 선택할 거예요. 또한 월 소득 200만 원 이상의 세대도 함께 살아야 저소득층이 사는 곳이라는 낙인 효과를 지

울 수 있습니다. 그럼으로써 자연스럽게 소셜 믹스가 이루어
지는 셈입니다.

④ 주거비 보조

민간 임대 주택에 살면서 임대료 일부를 정부에서 보조받
는 주거 방식입니다. 이렇게 되면 저소득층 세입자가 분산되
는 효과가 있어 대규모 주거 분리가 일어나지 않습니다. 아울
러 자신이 원하는 동네, 원하는 집에 들어가 살 수 있으므로
선택의 폭이 넓어져요.

내 집이 꼭 있어야 할까?

8

내 집 마련이라는
오래된 신화

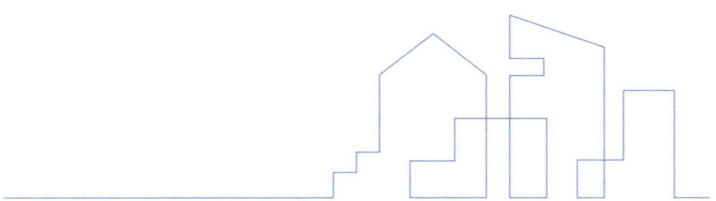

　요즘은 많이 사라지긴 했어도 예전에는 '집들이'라는 행사가 있었습니다. 저도 여러 번 신혼부부의 전셋집에 초대받아 집 구경을 갔어요. 몇 년 후 그 부부가 집을 샀을 때도 집들이를 했습니다. 나중에 평수를 늘려 이사했을 때도 초대했어요. 집을 구하고 이사하고 평수를 늘리는 일이 빈번하다 보니 한창 열심히 일할 30~40대에는 몇 년마다 한 번씩 이런 행사를 하게 됩니다. 초대된 사람들은 축하한다는 말을 빼놓지 않아요.

일생의 소원이 된 내 집 마련

우리나라 사람은 유독 집에 관한 애착이 깊습니다. 집을 사려고 오랫동안 돈을 모은다거나 구매한 집의 평수를 늘려가는 일에 관심이 많아요. 이를 대학 입학, 취업, 결혼과 마찬가지로 인생에서 꼭 성취해야 하는 중요한 목표처럼 여깁니다. 그래서 우리나라 주택 정책의 기조는 예나 지금이나 내 집 마련, 즉 자가 소유의 확대였습니다. 국민 누구나 집 한 채씩은 있어야 한다는 '1가구 1주택'이 당연한 듯 여겨지지만, 이 또한 하나의 편견일 수 있습니다. 따지고 보면 집은 거주하는 곳이지 소유하는 물건이 아니기 때문입니다. 복지적 측면에서도 이는 바람직하지 않아요. 내 집 소유가 '자산 기반 복지(asset-based welfare)'로 작동하기 때문입니다.

오늘날 우리나라에서 집은 노후를 책임질 자산으로 여겨집니다. 국가가 보장해야 할 노인 복지를 자가 주택이 대신하고 있어요. 대가족 제도가 해체되고 핵가족화되면서 자식들이 노부모를 봉양하는 일은 드물어졌습니다. 오늘날 노인 복지는 국가의 의무입니다. 그런데도 이를 내버려두면서 자산 기반 복지로 대체하고 있다는 비판을 받습니다. 지나친 자가 소유 확대 정책은 경제에도 악영향을 미칩니다. 한동안 세계

내 집이 꼭 있어야 할까?

경제를 위기에 빠뜨렸던 미국발 서브프라임 모기지론 사태가 이를 잘 보여 줍니다.

미국은 주요 선진국 가운데 가장 강력한 자가 소유 확대 정책을 펼치는 나라입니다. 제1차 세계 대전 후 경기 부양을 위해 주택 건설에 공을 들였어요. 부족한 집값은 은행에서 빌렸습니다. 내 집 마련과 관련해 다양한 은행 대출 제도가 발달한 이유입니다. 그런데 이러한 전통이 결국 커다란 경제 위기를 불러옵니다.

미국의 주택 담보 대출 중에 신용도가 높은 사람에게 낮은 이자로 돈을 빌려주는 우량 대출 제도(프라임 모기지론)가 있습니다. 주로 고소득층 화이트칼라 백인들이 이용했어요. 신용도가 낮은 사람에게는 높은 이자를 받았습니다. 바로 비우량 대출 제도(서브프라임 모기지론)인데요, 주로 저소득층 블루칼라 유색인들이 이 제도를 이용했습니다.

그런데 2000년대 초반 무리한 자가 소유 확대 정책을 펼치면서 저소득층에게도 싼 이자로 대출을 하기 시작했어요. 너나없이 돈을 빌려 집을 샀습니다. 당시 집값의 90% 이상을 빌릴 수 있었습니다. 예를 들어 5억 원인 집을 자기 돈 5000만 원이면 살 수 있었어요. 나머지는 은행에서 빌려주었습니다. 은행은 왜 이런 대출을 권했을까요? 바로 이자 수입 때문입니다. 다달이 대출 이자가 들어오니 무리해서라도 이렇게 돈을 빌려줬던 겁니다.

그러다 돈을 못 갚는 사람이 생기면서 은행이 파산하기 시작합니다. 애초에 이자를 낼 능력이 안 되는 사람들이 너도나도 집을 산 거예요. 은행이 파산하면서 미국은 물론 세계 경제가 큰 위기에 빠졌습니다. 이것이 바로 2007년에 있었던 '서브프라임 모기지론 사태'예요. 여기서도 알 수 있듯이 자가 주택 위주의 경제 정책은 위험성이 큽니다. 집값이 불안정하면 국가 경제가 크게 휘청일 수 있어요.

노인 복지와 내 집 마련의 상관관계

미국과 달리 독일은 자가 소유 비율이 매우 낮습니다. 47.2%로 유럽 평균인 55~60%와 비교해 보았을 때도 낮은 편입니다. 그런데 공공 임대 주택에 거주하는 비율도 의외로 낮습니다. 전 국민의 절반 정도가 민간 임대 주택에 살고 있어요. 그렇다면 이들의 주거 안정은 어떻게 보장하고 있을까요? 독일은 공동 임대 주택 대신 임대차 보호 제도를 활용합니다.

일반적으로 사회 복지, 특히 노인 복지 수준이 높을수록 자

은행의 부실 소문을 듣고 예금을 찾으려고
영국 노던 록 은행 지점 앞에 줄 서 있는 사람들의 모습(2007년).

가 소유 비율이 낮아지는 경향이 있습니다. 실제로 독일뿐 아니라 오스트리아, 벨기에, 덴마크, 네덜란드, 스웨덴 등 노인 복지가 잘되어 있는 나라는 자가 소유 비율이 낮습니다. 우리나라와는 반대입니다. 우리는 집을 노후 보장 수단으로 생각합니다. 그래서 어떻게든 젊었을 때 자기 집을 마련하려고 해요. 노인 연금을 비롯한 노인 복지의 수준은 턱없이 낮습니다. 그야말로 '각자도생'해야 하는 상황에서 이를 뒷받침할 든든한 자산으로 주택을 선호해요. '똘똘한 집 한 채'만 있으면 이를 담보로 주택 연금을 받거나 아예 팔아서 현금화할 수 있으니까요.

문제는 그럴 수 없는 사람이 여전히 많다는 점입니다. 집이 없는 사람은 나이가 들어서도 가난하게 살아야 할까요? 국가는 이들을 위해 어떤 대책을 마련해야 할까요? 독일은 노인 복지가 잘되어 있습니다. 노인 연금의 소득 대체율이 60~70% 정도예요. 젊었을 때 벌던 돈의 3분의 2는 받는다는 뜻입니다. 그 정도면 임대료 등 생활비로 쓰기에 부족함이 없어요. 독일의 부동산 시장은 안정적이어서 우리나라처럼 집값이 계속 오르는 일이 없어요. 그러니 무리하면서까지 은행에서 돈을 빌려 집을 살 이유가 없습니다.

우리나라는 연금의 소득 대체율은 2025년 기준으로 43%

쯤 됩니다. 생활비를 충당하기에는 역부족이에요. 게다가 전통적으로 민간 임대 시장이 매우 불안정합니다. 언제 전월세가 올라갈지 몰라요. '집 없는 서러움'은 이를 단적으로 설명하는 말입니다. 상황이 이렇다 보니 내 집 마련은 인생의 목표가 되었습니다. "작아도 내 집이 있어야 한다"거나 "집이 없으면 결코 돈을 모을 수 없다"는 말은 이런 현실을 반영합니다. 하지만 우리도 바꿀 수 있습니다. 안정적인 노후 수입의 보장, 안정된 주택 임대 시장이 확보된다면 "내 집만큼은 꼭 있어야 한다"는 절대 명제는 사라질 수 있습니다.

불안정한 부동산 시장이 불러온 비극

우리나라의 자가 거주 비율은 대략 57%로 나머지 43%의 가구는 세를 들어 산다고 할 수 있습니다. 이 중에는 공공 임대이든 민간 임대이든 월세가 있을 것이고 또한 전세도 있을 것입니다. 주택 가격의 2분의 1에서 3분의 2에 해당하는 금액을 보증금으로 주고 들어가 살다가 퇴거 시에 돌려받는 전세 제도는 우리나라 임대 시장의 특징이라 하겠습니다.

전세는 내 집 마련을 위한 '주거 사다리' 역할도 했습니다.

갓 독립했거나 목돈을 마련하지 못한 경우는 보증금이 저렴한 월세부터 시작합니다. 매달 내는 돈이 부담이긴 해도 열심히 저축하다 보면 전세 자금을 마련하게 됩니다. 그 돈으로 전셋집으로 옮기면 매달 빠져나가는 돈이 없으니 더 빨리 돈이 모입니다. 그리고 몇 년 뒤에 전세금에 그동안 모은 돈을 더하고 대출을 받아 마침내 내 집을 마련합니다. 집값은 꾸준히 오를 테고 그러면 노후에 든든한 버팀목이 될 수 있습니다.

이처럼 월세에서 내 집 마련으로 이어지는 자산 형성 과정에 전세는 일종의 사다리 역할을 해 왔습니다. 그런데 최근 이러한 공식이 무너지기 시작했어요. 전세금을 돌려받을 수 없는 일이 생겼기 때문입니다. 이른바 전세 사기가 그렇습니다. 세입자의 전세금으로 또 다른 집을 사고 그 집을 또다시 빌려주는 식으로 투자했다가, 파산하면서 그 피해를 세입자가 고스란히 떠안는 일이 많아졌어요.

세입자 입장에서 전세금은 전 재산이나 다름없습니다. 이를 떼인다면 여간 큰일이 아닙니다. 전세 보증금을 떼이는 일은 집값에 비해 전세금이 너무 높을 때 자주 발생합니다. 예를 들어 어느 다세대 주택 가격이 3억 원이라고 가정하겠습니다. 일반적으로 이 집의 전세 보증금은 집값 시세의 2분의

서울의 주거지 모습.

1에서 3분의 1인 1억~1억 5000만 원 정도가 적당합니다. 그런데 가끔 집값의 80~90% 선에서 책정되는 경우가 있습니다. 낡고 오래된 단독 주택이나 흔히 빌라라 불리는 다세대 주택의 경우 시세 확인이 어려워 이를 확인하지 않고 계약을 맺었다가 낭패를 보게 됩니다.

한 세입자가 매매가 3억 원인 집에 그 90%에 해당하는 2억 7000만 원의 전세 보증금을 주고 전세로 들어갑니다. 비싼 감이 있었지만 어차피 돌려받을 것으로 생각하며 대수롭지 않게 여깁니다. 그런데 낡고 오래되다 보니 집값이 떨어집니다. 2년 뒤에 2억 5000만 원 정도가 돼요. 전세 보증금보다 낮아진 겁니다. 이렇듯 집값보다 전세 보증금이 더 비싼 경우를 흔히 '깡통 전세'라고 합니다. 집주인 입장에서는 전세 보증금을 돌려주느니 차라리 집을 포기하는 게 이득입니다. 결국 집은 경매에 넘어가고 세입자는 전세금을 날리게 됩니다.

전세 제도를 악용한 소위 갭투자도 이런 사태를 부채질하고 있습니다. 시세가 3억 원인 다세대 주택에 보증금 2억 7000만 원을 주고 전세를 든 사람이 있습니다. 이때 제삼자는 3000만 원만 있으면 그 집을 살 수 있어요. 전세금과 집값의 차액만으로 집을 산다고 해서 '갭투자'라는 이름을 붙인 겁니다. 문제는 이렇게 여러 채 집을 샀다가 파산하는 경우예요. 세입자는 전세금을 돌려받을 수 없게 됩니다.

실제로 '빌라 왕'으로 불리던 이들이 이런 식으로 주택을 수십 채 사들였다가 집값이 떨어지는 바람에 투자금을 회수하지 못하고 파산한 일이 문제가 된 적이 있습니다. 이로 인해 수많은 세입자가 피해를 보았어요. 이런 일을 막기 위해서라도 현행 전세 제도에 대한 정비가 필요해 보입니다.

안정된 주거는 미래 복지의 출발점

많은 사람은 집값이 계속 올라갈 거로 생각합니다. 실제로 월세 시장이 불안정하고 전세 사기 위험이 클수록 빚을 내서라도 집을 사자는 심리가 발동합니다. 그래서 영혼까지 끌어모아 집을 사는 '영끌족'이 되곤 하는데, 그런다고 문제가 해결되는 것은 아닙니다.

자기 돈으로 집을 샀다면 모를까 대출을 받았다면 이자에 원리금까지 더해져 부담이 클 수밖에 없습니다. 매달 나가는 돈이 많다 보니 생활비가 부족해요. 월급에서 대출 상환금을 제하고 나면 쓸 돈이 없습니다. 월급은 많은데 가난하게 살아요. 이런 사람들을 일컬어 '하우스 푸어(house poor)'라고 합니다. 그나마 대출 금리가 저렴하고 집값이 조금씩 상승할 때면 견딜 만하지만 갑자기 이자가 오르고 반대로 집값은 떨어진다면 큰일입니다. 무리하게 집을 샀다가 대출금이 집값보다 높은, 그야말로 '깡통 주택'이 되는 것입니다. 그러다 보면 결국 대출금을 못 갚게 되고 집은 경매에 넘어가는 일이 생깁니다. 집값이 낮은 상태에서 경매로 넘어가면 은행은 손해를 보게 되고 이런 일이 겹쳐 결국 파산할 수 있어요. 미국의 서브프라임 모기지론 사태가 그랬습니다.

가계 소득 중 대출금 비중이 높으면 국가 경제에도 좋지 않아요. 전체 가계 소비 지출 중 주거 비용이 차지하는 비율을 슈바베(Schwabe) 지수라고 합니다. 또한 전체 가계 지출 가운데 식비가 차지하는 비율을 엥겔(Engel) 지수라고 해요. 엥겔 지수가 높을수록 살림살이가 팍팍하다고 해설합니다. 슈바베 지수는 어떨까요? 빌린 돈이 많을수록 이자 때문에 쓸 돈이 없어지니 소비가 위축됩니다. 그런 사람들이 많아질수록 나라 경제도 불황에 빠질 수밖에 없어요. 불안정한 민간 임대 시장, 지나친 자가 소유 장려 정책은 슈바베 지수를 높이는 원인입니다.

대출 부담을 줄이고 주거 복지 수준을 높이려면 저렴한 가격의 공공 임대 주택을 확충해야 합니다. 공공 임대 주택은

내 집이 꼭 있어야 할까?

굳이 큰돈 들여 집을 사지 않아도 되는 사회, 적은 임대료로 오랫동안 내 집처럼 살 수 있는 안정된 사회로 가는 지름길입니다.

이미지 출처 및 페이지